ADRIEN ARTAUD

DÉPUTÉ
PRÉSIDENT HONORAIRE DE LA CHAMBRE DE COMMERCE
DE MARSEILLE

FINANCES

ET

BON SENS

PAYOT, PARIS

FINANCES ET BON SENS

DU MÊME AUTEUR:

GEORGES ROUX, 1890.

LA QUESTION DES VINS, 1894.

LA FRANCHISE DU PORT DE MARSEILLE, 1898.

DÉFENDONS-NOUS, 1901.

ADRIEN ARTAUD

DÉPUTÉ
PRÉSIDENT HONORAIRE DE LA CHAMBRE DE COMMERCE DE MARSEILLE

FINANCES

ET

BON SENS

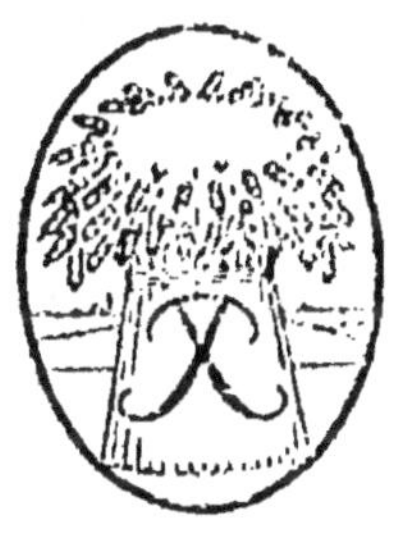

PAYOT & Cie, PARIS

106, BOULEVARD SAINT-GERMAIN

1922

Tous droits réservés.

PRÉFACE

Je demande au public d'excuser ce travail rapide, qu'il eût fallu soigner davantage. Malheureusement l'urgence du sujet est absolue et il a fallu en tenir compte.

J'ai mis en pratique toute ma vie, et plus particulièrement depuis la guerre, le conseil que je ne cesse de donner et qui devrait être la règle de conduite de la nation : produire, produire, produire ! travailler, travailler, travailler !

Cela m'a créé des occupations permanentes, qui ne s'accommodent pas de la trêve qu'exige la bonne, la longue préparation d'un ouvrage.

Et cependant c'est justement parce que je suis occupé, parce qu'il y a quarante-sept ans que je gagne ma vie, que j'ai pu acquérir un peu d'expérience et aussi d'indépendance ; ce qui me permet de proclamer, sans souci des effets pour moi de ma brutale franchise, ce que me dicte mon expérience.

Mes occupations ne sont donc pas un motif qui puisse m'empêcher d'écrire, elles doivent au contraire m'y pousser, puisque c'est à elles que je *dois d'avoir quelque chose à dire ; mais alors qu'elles me servent d'excuse vis à vis de toi, public, qui mérites tous les égards.*

Jéhovah donna jadis une préférence exclusive aux soldats de Gédéon qui, passant sur les bords du Jourdain, ne s'agenouillèrent pas, faute de temps, pour étancher leur soif, et se contentèrent de laper l'eau dans leur main.

Il n'y en eut que trois cents et cela suffit pour vaincre. Je me joins à la phalange des hommes de bonne volonté.

CHAPITRE PREMIER

CRATOLATRIE

Cratolatrie[1], c'est abandon de tout l'être devant la force, culte de la force, adoration de tous les succès et spécialement du succès majoritaire, sentiment qui s'est progressivement imposé à nous depuis une quarantaine d'années et qui, pendant la guerre, s'est monstrueusement et soudainement développé au point d'absorber et de supprimer tous les autres, en particulier l'équité. Il n'y a plus de liberté, il n'y a plus d'égalité dans le pays dominé par la Cratolatrie où tout est sacrifié au succès réel ou simplement apparent et, dans ces conditions, il ne saurait plus y avoir non plus de fraternité dans le même pays.

1. J'avais eu la pensée de donner pour titre à cet ouvrage *Folle cratolatrie* car j'estime que la question financière n'a été poussée à son état actuel d'acuité que par la disposition à nous incliner devant toutes les forces, même tyranniques et injustes, que stigmatise ce néologisme.

On m'a engagé à moins rechercher dans le titre de cet ouvrage un résumé de nos tendances que l'exposé objectif du sujet et, déférant aux suggestions cordiales et expertes de mes amis, j'ai adopté le titre de *Finances et bon sens*.

A toute époque, l'adoration du pouvoir a existé, on l'appelait courtisanerie ; mais vraiment ce mot, qui a pris un sens spécial, ne répond pas à ma pensée. Le courtisan s'incline surtout devant un homme, il le sert, non sans scepticisme et sans égoïsme et non sans un secret désir de duper celui à qui il prodigue son encens. Il prend bien une part de direction par voie de conseil, de suggestion, d'insinuation et de collaboration ; mais rien de pareil dans notre régime, où la puissance est en bas, où elle s'exprime par le nombre et où celui qui gouverne, tient exclusivement compte pour sa réélection, c'est-à-dire pour son maintien au pouvoir, d'une pensée souvent en retard de quatre ans.

Le mot démagogie ne répond pas non plus à la situation de fait que je veux caractériser. Le démagogue offre tout au peuple pour s'assurer ses suffrages, mais le cratolatre subit l'influence de l'argent, l'influence des courants d'opinion, l'influence de la presse, toutes les influences.

C'est généralement par abdication que se manifeste la cratolatrie et les modérés, éternellement voués à subir toutes les pressions, sont ses victimes désignées ; mais elle est autrement funeste quand elle agit sur le pouvoir ; et personne n'a pratiqué la cratolatrie plus que les radicaux, à partir de 1914.

Pour être juste, il faut reconnaître que, comme tous les *latres*, le cratolatre n'échappe pas à un certain mysticisme ; et quelquefois l'apparence de la divinité lui suffit.

Deux types bien tranchés de cratolatres : Ribot, ébloui par le mirage de la présidence de la République possible pour lui, après une longue réprobation, acceptant par faiblesse, en pleine guerre, l'impôt sur le revenu qu'il a toujours combattu et qui ne donnera rien ; et le tyranneau d'arrondissement qui, absorbé par le souci constant de son ascension de grade en grade politique, ne pense qu'à son fief électoral, ne voit que cet intérêt, et accepte par avance le credo socialiste, dans la crainte que ce credo ne soit professé par le concurrent éventuel toujours possible et qu'il ne le mène au succès.

La première et la plus dominante manifestation de la force qui s'impose au cratolatre est la majorité. Peu lui importe qu'elle soit occasionnelle et précaire, ou détenue par des agités, menant momentanément des apathiques qui réagiront ; tout est pour le cratolatre dans le nombre d'aujourd'hui, et encore plus dans la majorité possible de demain qu'il veut prévoir, pour lui rendre hommage avant qu'elle naisse, et aux caprices de laquelle il a soif de s'asservir, avant même qu'ils aient été formulés.

Ce sont ces caprices ou ces velléités qu'on a appelé des *réformes* ; et c'est sous le prétexte de réaliser ces réformes, qu'on a estropié, faute de fermeté et de clairvoyance, toutes les grandes idées, et qu'on a à peu près tout démoli en France.

*
* *

Deux groupements d'intérêts s'opposent toujours : d'un côté, l'intérêt personnel, l'intérêt du moment ; et de l'autre, l'intérêt général, l'intérêt permanent.

Pour discerner l'intérêt général il faut de la clairvoyance ; pour s'opposer aux exigences de l'intérêt personnel déguisé en intérêt général et qui peut en avoir momentanément l'apparence, il faut de la volonté, de l'énergie. Ne demandez pas cela à l'*arrondissementier* qui est à peine aujourd'hui en minorité à la Chambre et qui domine encore au Sénat.

D'autre part, l'arrondissementier, qui est le cratolatre par excellence, est arrivé par incorporation lente de tous les pouvoirs au majoritaire, c'est-à-dire à lui-même, à mettre à néant tous les droits individuels. Personne n'obtient rien, dans notre régime, si un député ou un sénateur ne s'intéresse pas à son cas. Qu'il se soit fait casser la figure pour la France ou qu'on lui doive de l'argent, personne ne répond à ses réclamations si elles ne sont pas apostillées par un parlementaire. L'individu ne compte pas, même s'il est électeur. A plus forte raison le droit commun est-il aboli pour celui qui n'est pas électeur ou dont son élu se désintéresse. Dans cette catégorie se rangent les femmes, les enfants, les adversaires politiques, c'est-à-dire les huit dixièmes de la nation.

Le milieu était favorable au développement de la cratolatrie, que pratiquent secrètement les plus hauts bourgeois toujours convertis au succès, surtout lorsqu'il leur est profitable.

*
* *

Le résultat de tout cela avant la guerre était une insensible et envahissante anarchie, qui nous aurait conduits à la révolution ou au gâtisme, sans la douce réaction marquée par l'avènement à la présidence de la République de M. Poincaré, et surtout sans la guerre, qui a tout galvanisé.

La guerre a exigé une mobilisation des idées et des volontés comme des hommes. Pendant qu'elle faisait rage il a bien fallu déifier l'État, expression de la majorité; on l'a fait sans mesure, comme pouvaient le faire les hommes de 1914, sans mesure et sans limite, autant pour déférer à des volontés politiciennes que pour répondre aux nécessités de l'heure.

La guerre absorbait toute l'attention et, réussissant, elle a donné malgré tout du crédit à des assemblées qui n'en méritaient aucun. Les politiciens purs qui les composaient presque intégralement, restés politiciens pendant la guerre, ont profité de ces faits pour pousser au paroxysme leur cratolatrie et ses manifestations. Tout pour une classe qui a la majorité numérique ; tout, même si c'est contraire, pour une autre classe à qui la violence peut donner autant de force qu'à une autre la majorité. Enfin tout pour ceux qui savent se créer des influences, par des groupements de personnalités et de capitaux appuyés sur des journaux à grand tirage ! Le demi-jour ou plutôt la quasi-obscurité produite par la censure était extrêmement favorable à ces abus de pouvoir. On les a poussés à l'extrême.

La situation financière actuelle est une résultante de la guerre et des décisions que des cratolatres ont prises pour en profiter, autant que pour y faire face. Cratolatrie, les prohibitions d'exportation dans le but de faire baisser les cours et de séduire le consommateur ; cratolatrie, la mise à sac des propriétés au profit des locataires plus nombreux que les propriétaires ; cratolatrie, tous les impôts mis à la charge du commerce qui, électoralement, ne compte pas ; cratolatrie, les taxations, les prix normaux, les lois de spéculation illicite non définie ; cratolatrie, les jugements condamnant à la prison des vendeurs usant de leurs droits ; cratolatrie partout ; respect de l'équité nulle part. Cette tactique a été maintenue lorsque la paix en exigeait une tout autre ; ce qui prouve bien qu'il s'agissait d'une tendance politique et non d'une action imposée par les événements. *L'Allemagne paiera* a été longtemps la formule commode pour les gouvernants et les gouvernés. De tout cela une question financière est née, aujourd'hui urgente et dominant tout. Il faut la résoudre et cela ne se peut que par des mesures assurant un retour immédiat et absolu à l'équité. Hors de l'équité pas de salut ! Il faut donc réagir contre la tendance à laquelle nous devons la situation du moment.

Le mal n'est pas d'avoir porté notre dette à deux cents milliards pendant la guerre, bien qu'un quart au moins de ce total eût été économisé sans la rage d'intervention intéressée des cratolatres. Tout de même, le résultat vaut le total ; mais, ce qui est effroyable, c'est d'avoir en trois années de paix, par négligence et asservissement aux volontés dominantes, laissé monter à plus de trois cents milliards le total de notre dette. C'est-à-dire de l'avoir enflée de plus de cent milliards.

C'est contre cela qu'il faut réagir, c'est pour cela qu'il faut renoncer aux pratiques cratolatriques. Je ne veux pas faire de politique, on le verra au cours de ce travail ; d'autre part je veux envisager la situation dans son ensemble ; elle est extrêmement compliquée et l'esprit français veut des simplifications ; on me pardonnera d'avoir en recours pour cela à un néologisme qui doit nécessairement être largement compréhensif.

CHAPITRE II

ÉVENTUALITÉ DE CATACLYSME

Plus on est près de la nature, plus l'instinct agit ; il en est ainsi pour l'enfant dans ses actes quotidiens, il en est ainsi pour les foules en effervescence, qui se donnent sans long travail d'esprit, à un moment de révolution, la Constitution qui leur convient le mieux.

L'autorité et le contrôle y ont chacun leur place et rien ne s'opposerait au fonctionnement indéfini de l'organisme constitutionnel ainsi créé si une lente poussée des forces intellectuelles, au service d'intérêts matériels, ne travaillait incessamment à user l'un ou l'autre des deux grands principes constitutionnels et quelquefois les deux.

Il a fallu trois siècles pour pousser à ce point d'usure la monarchie française à son couchant. Il a suffi de quelques lustres pour y mettre en même posture, si les événements se précipitaient, la troisième république. C'est le résultat de la progression des forces intellectuelles. Pareillement il avait fallu trois siècles pour créer un stock d'or, qui a été doublé dans les vingt-cinq dernières années du XIXe siècle.

Mais les régimes, si décrépits soient-ils, peuvent vivre indéfiniment si la question financière ne se pose pas. Par contre, rien ne résiste à la gêne. C'est quand la crèche est vide que l'étable est en rumeur !

Un insuccès guerrier produit une révolution, mais la victoire ne l'empêche pas. L'ancien régime a succombé après avoir eu, grâce à l'insurrection américaine, le dernier mot dans sa longue lutte avec l'Angleterre. Le Directoire, avec Bonaparte, était partout vainqueur. Le régime actuel peut tomber malgré nos victoires sur l'Allemagne, malgré la revanche, si nous ne régularisons pas notre atroce situation financière. Par contre, les forces de renouvellement de la République sont infinies et, si elle revient à l'équité, une nouvelle et longue carrière s'ouvrira devant elle. Il suffit de nettoyer les rouages encrassés, mais il le faut sous peine de voir gripper la machine.

*
* *

La dernière guerre a été un événement sans précédent dans les annales du monde ; la situation financière qui la suit est aussi sans analogue.

Nous aurions pu. nous pourrions encore, en produisant de quoi payer ce que nous devons et en remplaçant dans les disponibilités mondiales une part de ce que la guerre a consommé, nous assurer une situation économique d'une prospérité inouïe ; mais si nous ne faisons rien dans ce sens, si nous ne produisons même pas de quoi payer les intérêts de nos dettes extérieures, nous devons crouler sous le fardeau sans cesse grandissant qui nous oppresse. Il n'y a pas de moyen terme. Il faut nous enrichir ou nous ruiner !

Cette vérité déjà acquise et proclamée il y a deux ans[1] a été copieusement et péremptoirement démontrée par les événements. Nous devions deux cents milliards en 1919 après cinq ans de guerre. Nous devons aujourd'hui plus de trois cents milliards. Où allons-nous, en continuant ainsi ?

Nous n'avons pas la possibilité de faire faillite, même si nous le voulions ; nos obligations vis-à-vis des éprouvés de la guerre sont sacrées !

Nos obligations vis-à-vis de l'étranger sont pressantes et il ne nous laissera pas indéfiniment les éluder. En matière internationale on ne fait pas faillite, sans que le débiteur devienne plus ou moins, comme dans l'antiquité ou chez les peuplades sauvages, l'esclave de son créancier.

Il faut donc faire face à nos dettes. Le pouvons-nous ? Ce travail a pour but de démontrer que c'est très possible.

---

1. Conférence du 5 octobre 1919 à la Société d'économie politique.

On voudra bien me permettre de ne faire état que de nos disponibilités nationales.

Vraiment tout a été dit sur ce que paiera ou ne paiera pas l'Allemagne. Il faut exiger d'elle tout ce qu'elle nous doit et tout ce qu'elle peut nous payer, mais, pour ne tabler que sur des données certaines, je ne me préoccuperai, dans ce travail, que de ce que nous pouvons tirer de notre propre fonds. Plus nous en tirerons, plus nous serons à même de faire payer l'Allemagne et ces rentrées, tout de même aléatoires, trouveront toujours leur place quand elles se produiront. Les chiffres plus ou moins élevés de la dette allemande constituent le fond d'une littérature politicienne illusionniste, qui nous a déjà fait maintes fois lâcher la proie pour l'ombre. On comprendra donc que je laisse de côté ce sujet traité déjà par tant de brillants virtuoses et qui, de leur part, donnera encore lieu à bien des variations, dans tous les sens du mot.

C'est l'inéluctable nécessité de faire face à nos engagements qui me met la plume à la main. Je ne suis pas un financier, mais la crise n'est pas d'ordre technique. Les financiers ne bouchent un trou qu'en empruntant une brique à un autre mur sain de l'édifice. Ils ne créent pas et il faut créer. Le problème relève du bon sens et de l'énergie.

Il me semble que chaque citoyen a le devoir de dire à ce sujet ce qu'il croit utile. On a bien voulu m'envoyer au Parlement, j'ai donc été à même d'examiner de plus près la situation. Elle n'est pas de celles auxquelles puissent remédier les conclusions d'un discours. Il faut résolument remonter le courant dont les mille flots se sont extravasés dans tous les sens. Cela exige un travail d'ensemble et je fais de mon mieux pour y procéder.

Je ne m'illusionne pas sur les résultats de ce travail, les modérés ne sont pas capables d'un effort, même quand il s'agit de leur vie ; et les extrémistes, travestissant tout ce qui se dit, présentent sous le jour le plus odieux des inspirations, discutables au point de vue de leur opportunité ou de leur efficacité, mais suggérées par le patriotisme le plus ardent et le plus désintéressé. Quel que soit le résultat de ce que je verse à l'étude de la question financière, je dois cette contribution, car la nécessité qui nous oppresse nous met en face d'une éventualité urgente de cataclysme si nous ne réagissons pas et on doit tout faire pour éviter au pays ce malheur qui, non seulement n'arrangerait rien, mais aggraverait tout.

Si une révolution de plus pouvait être de quelque utilité à mon pays, ce n'est pas cela qui m'effraierait ; je suis plus révolutionnaire que les extrémistes et je préconiserai, au cours de ce travail, des efforts bien plus durs que ceux de déterminer ou de suivre un mouvement popu-

laire ; mais, au lendemain de la crise de laquelle
nous sortons, il faut que ce pays panse ses bles-
sures, il faut qu'il reprenne possession de lui-
même dans le calme et la sécurité.

Toutes les nations sont plus ou moins en révolution ; d'instinct la France a choisi la meilleure
part de travail et de stabilité ; cette part ne doit
point lui être ôtée et tous les efforts des hommes
de bonne volonté doivent tendre à lui assurer le
plein avantage de ses qualités et de ses mérites.

CHAPITRE III

APOLOGUE

J'ai hâte de sortir des considérations générales et d'examiner la situation point par point, mais, avant d'entrer dans le bourbier des faits où tant de techniciens m'ont précédé pour les détails et où beaucoup sont restés, il est nécessaire de présenter encore quelques vues d'ensemble.

Ramenons l'immense conflagration et ses conséquences à un événement familial, pour mieux l'apprécier.

Un père de famille voit sa femme, sa fille chérie, un de ses plus beaux enfants, assaillis à l'improviste par un mal terrible dans ses manifestations et son principe. Il emploie à la lutte contre la maladie toutes ses ressources disponibles, tout son temps, toute son activité.

Forcément, si la maladie dure des années, exige des déplacements, des consultations de célébrités médicales, des interventions chirurgicales délicates, il faut faire appel au crédit, hypothéquer les immeubles, puis, lorsque tous les gages ont été donnés, demander leur concours à des amis disposés à courir la chance du rétablissement physique et économique de la famille. Si le mal cède, lorsque la famille est à bout de ressources et perdue de dettes, sa situation financière est très analogue à celle de la France victorieuse, mais devant deux cents milliards, réduite dans ses moyens d'action par les pertes humaines de la guerre, et ayant à refaire dix de ses départements.

Allons jusqu'au bout de l'apologue et attribuons, avant la crise, dix mille francs de rente et autant de gains annuels à la famille assaillie par le malheur. Avec cela elle vivait médiocrement, mais à l'aise.

Après la maladie, tout l'avoir de la famille est hypothéqué ; une dette à court terme s'est jointe à la dette hypothécaire, et les soins qu'exige la convalescence sont encore très coûteux.

Le seul moyen pour la famille ainsi éprouvée de revenir à son premier état est de hausser son revenu à quarante, cinquante, soixante mille francs par an, pour faire face aux frais, payer les intérêts de la dette et commencer à l'amortir. Pour cela, le père fera appel à ceux de ses enfants dont il aurait prolongé les études. Il s'imposera des travaux supplémentaires et exploitera pour les obtenir la sympathie que lui vaut son infortune et aussi l'intérêt qu'auront ses créanciers à ce qu'il s'acquitte envers eux. Il tombera peut-être sur des périodes difficiles qui rendront longtemps vaine sa bonne volonté et inefficaces ses efforts ; mais il s'attellera à la besogne ; tous ses enfants se joindront à lui et, dans un temps plus ou moins long, suivant les événements, en cinq ou en quinze ans, il reviendra à l'ancienne situation franche de dettes, mais avec cette différence que les gains développés, qui lui auront permis de faire face à ses obligations, n'auront pas de raison de se réduire quand il aura payé ses dettes. Il sera à ce moment sur le chemin définitif de la prospérité !

La France n'a pas autre chose à faire que le père de famille vainqueur, mais obéré. Il faut qu'elle demande à tous ses enfants de produire, et les résultats de son action dans ce sens seront secondés par le trouble général de la vie économique du monde inhérent à la grande guerre, ce qui est une aide sur laquelle ne peut pas compter notre chef de famille. Un besoin de reconstituer les stocks existe partout et facilite les ventes des producteurs, s'ils savent produire plus qu'ils ne consomment. Une longue période s'écoulera encore avant que le monde ait repris le courant ; ce n'est que peu à peu que des satisfactions qu'on a appris à ne plus rechercher provoqueront de nouveaux besoins, qui à leur tour, solliciteront et rémunéreront la production.

Les champs de bataille, les spectacles de dévastation de nos départements envahis attirent des foules, qui déposent sur leur passage le limon fécondant de leurs dépenses. Il n'y a pas une minute à perdre pour exploiter cette veine.

Qui sait si, demain, une conflagration autre ne nous permettra pas, nous aussi, de tirer d'une guerre, dans laquelle nous ne serons pas champ de bataille, ce que les États-Unis ont gagné dans la grande guerre. Mais pour cela il faut être en pleine production. Si le rétablissement économique n'est pas fait, nous aurons toutes les souffrances de la guerre voisine, mais nous n'en aurons pas le bénéfice involontaire et fatal que notre dernière crise a procuré à tant de nos voisins neutres et même belligérants.

CHAPITRE IV

ÉVOLUTION

Nous avons ramené, pour mieux l'apprécier, l'immense fait de la grande guerre aux proportions d'un événement familial. Il faudrait maintenant le situer dans le plan économique et social en tenant compte d'un mouvement que je n'ai pas encore vu signaler et dont l'intervention projette un jour singulier sur bien des côtés obscurs de la question à l'étude.

On a dit que la révolution de 1848 avait eu pour cause le malaise économique dû à la concentration des affaires, dans les dernières années de la monarchie de Juillet, concentration dont la création des chemins de fer fut à la fois la manifestation la plus éclatante et l'agent le plus efficace de développement.

Il y aurait beaucoup à dire sur la fatalité des répercussions dans le domaine politique de ce qui se passe dans un compartiment voisin. Les plus grandes causes peuvent rester sans effet, faute de l'incident fortuit, souvent minuscule, qui détermine les révolutions ; mais pareillement le fait accidentel serait sans conséquence s'il ne survenait pas dans un monde en mal de transformation.

Il était inévitable que l'introduction de la vapeur dans les transports et dans l'industrie changeât les conditions de la vie économique. Il est non moins incontestable — et je m'étonne que cela n'ait pas encore été signalé — que nous sommes en train de refaire ce mouvement à rebours et que cette énorme régression mérite qu'on s'y arrête un peu.

Est-ce un bien ? Est-ce un mal ? Est-ce un progrès ? Est-ce un recul ? Là n'est pas la question.

Un fait est un fait. Il faut le constater d'abord, puis l'étudier pour s'en accommoder. Cela seul est pratique et utile.

Il n'y a pas de fait fâcheux pour celui qui — peuple ou particulier — sait tenir compte de ce qui se présente et évoluer à temps.

C'est le chemin de fer qui a déclenché le mouvement de concentration, c'est l'automobile qui a marqué le point de départ du mouvement en sens contraire. L'automobile a rendu la vie à la route, aux sites agrestes, aux altitudes.

Aujourd'hui se prépare ou se crée la force hydro-électrique susceptible de remplacer le charbon, la force hydro-électrique qui est propice à la création de l'industrie fonctionnant à mille mètres d'altitude et qui est aussi capable de porter l'énergie à l'établi familial, dans les campagnes et dans les villes.

La politique de concentration a été vraiment à son apogée normal sous le second empire, avec la liberté des échanges, facilitant les opérations internationales et susceptibles de faire de notre pays le centre du monde, comme plus tard, pour avoir persisté dans cette voie, l'a été l'Angleterre. Cela réalisait le bon marché de tous les produits et la réduction des charges individuelles, par suite de l'activité des transactions. En pareil cas, les questions sociales ne naissaient pas et les loisirs se créaient avec leur cortège de délassements artistiques et littéraires.

La concentration a cédé le pas à l'individualisme, le jour où les premières tentatives de protectionnisme, tendant à créer le nationalisme économique, se sont timidement produites. C'était l'individualisme international, en attendant l'individualisme tout court, en attendant la restauration du travail individuel.

Majoritaires et minoritaires peuvent se gourmer dans les réunions syndicalistes, tous deux sont menacés par l'individualisme, le *familialisme* ouvrier, si l'on veut bien me passer ce néologisme de plus.

Les chemins de fer sont les premiers à subir les conséquences de cette transformation. On a donné bien des raisons de leur déficit qui survit à toutes les dispositions réalisées pour y parer et qui, dès lors, a une tendance à devenir un fait permanent.

*
* *

Je suis un homme de bonne foi et de conscience ; quand je dis quelque chose à la tribune c'est que je le pense et, si les événements démentent mes appréciations, j'en cherche la raison. C'est tout ce qu'on peut demander à un parlementaire, que son devoir condamne à avoir un avis sur toutes les questions de son ressort et à le donner, quand il croit fermement être dans le vrai.

J'ai dit, le 30 décembre 1919, au début de la discussion sur l'augmentation des tarifs de chemins de fer, que ce serait bien vainement qu'on se laisserait arrêter dans les mesures à prendre par l'appréhension de la cherté qu'on croyait devoir être la conséquence de l'élévation des tarifs ; que cette cherté était acquise, car la marchandise, parvenant sur les points de consommation par l'automobile à des prix de transport en moyenne quatre fois plus élevés que ceux du chemin de fer, se vendait déjà à des prix tenant compte de cette élévation.

Sur ce point, je ne me suis pas trompé et je ne pouvais pas me tromper, car c'était une constatation ; mais de bonne foi je croyais que l'augmentation des tarifs de chemin de fer effectuée, les deux principaux moyens de transport s'équilibreraient et reprendraient leur concurrence au profit du consommateur.

La situation est autre et le chemin de fer reste en déficit malgré qu'on ait atteint pour le relever les dernières limites de la cherté des tarifs, j'entends celles où, compte tenu des deux camionnages de l'usine à la gare et de la gare chez le consommateur que peut éviter le transport automobile, les deux tarifs s'équilibrent de telle sorte qu'une nouvelle augmentation des tarifs de chemins de fer se résoudrait en prime au profit des transports par camion. En pareil cas, il faut craindre l'éviction définitive d'un des moyens de transport et la création en faveur de l'autre, partout où ne pourrait pas aller la voie fluviale, d'un absolu (et avec le temps forcément abusif) monopole.

On a donné bien des raisons de la persistance de ce déficit et on en a rendu responsable la journée de huit heures. Je ne méconnais pas l'incidence de la journée de huit heures sur des entreprises comme les chemins de fer, exigeant une mobilité qui ne s'accommode pas de relèves aussi rapides, se produisant n'importe où et qui ne peuvent s'effectuer qu'à la condition que chaque emploi soit tenu en double. Je m'expliquerai plus loin sur la journée de huit heures, que je ne veux considérer ici que comme un argument donné pour expliquer le déficit persistant des entreprises de transport par voie ferrée. Je ne peux pas me refuser à constater que la situation des chemins de fer a d'autres causes et je signale à ce point de vue l'incidence de la déconcentration économique, qui est un fait actuel à peine à ses débuts.

Toutes les entreprises, exigeant un personnel nombreux, doivent prendre garde à ce fait et tâcher de se garer des conséquences. Il est devenu impossible de faire face aux exigences des composants d'un grand groupement humain.

Si ces exigences étaient illégitimes, c'est-à-dire irréalisables, ce ne serait qu'une question de fermeté et d'ingéniosité chez les dirigeants ; mais la déconcentration devant tous les jours offrir des carrières plus avantageuses — au moins par l'autonomie, et à rendement égal, ce qui est la plus fâcheuse hypothèse — les grandes entreprises doivent succomber si elles ne se transforment pas, par suite des difficultés insurmontables de maniement du personnel et des impossibilités de bon recrutement. Ces entreprises doivent s'attendre à un assaut continu et incessamment renouvelé de la part de leurs inférieurs, mais innombrables et par cela très puissants concurrents.

Il y a beaucoup à faire au point de vue des modalités d'application de la loi de huit heures et cela produira de grandes améliorations, mais je crains bien que les entreprises exigeant, comme les grands réseaux, des concours humains qui se chiffrent par la population d'un département moyen soient condamnées dans leur état actuel d'administration. Les transports par avions débutent à peine, mais ils semblent devoir donner le coup de grâce au chemin de fer si celui-ci n'évolue pas. La voie de l'ingéniosité pour les transformations est infinie[1], mais il est temps pour les compagnies de chemins de fer de s'y engager. L'immobilité serait la mort.

Il est permis de s'attendrir sur la décadence d'aussi grandes entreprises, mais il est bien plus pratique de constater, qu'à notre époque, la durée maximum de l'emphytéose marque les limites d'un des plus grands efforts que puisse réaliser l'activité humaine. En moins d'un siècle, les chemins de fer auront été conçus, créés au milieu de difficultés sans nombre, définitivement établis grâce aux facilités que leur a données le second empire ; ils auront atteint un point de prospérité qui, comme toutes les grandes prospérités, s'est traduite par de lourds abus, et ils connaîtront peut-être les affres de la décrépitude. Si les chemins de fer se rénovent, ce que je souhaite de tout mon cœur et ce que j'espère fermement, car j'ai foi dans les possibilités infinies de l'ingénio-

---

1. La récente tentative de M. Ford, le grand industriel américain, qui a rendu la vie en un an, par l'abandon de la routine et par l'application des directives de bon sens et d'énergie, à un réseau condamné, est une éclatante confirmation de cette appréciation optimiste. *Matin*, Stéphane Lausanne, n° du 9 octobre 1921. *Petit Marseillais*, Ernest Coustet, n° du 15 octobre 1921.

sité humaine, ce sera un autre cycle à parcourir pour l'inconstante fortune, qui tient ainsi toujours en éveil notre activité. Celle du savant, celle du penseur, comme celle de l'industriel et de l'ouvrier.

Un phénomène aussi grave que le retour à l'individualisme industriel sera marqué par des transitions importantes, aura de grandes conséquences et aboutira peut-être sur certains points, pour certaines industries, à encore plus de machinisme; mais ceci est la matière d'études qui devront être variées et approfondies, si elles veulent approcher de la vérité. Il suffit au sujet que je traite aujourd'hui d'avoir signalé l'intervention de ce fait et de son incidence probable sur la solution de la question financière, étroitement dépendante des questions économiques.

CHAPITRE V

LE BUDGET DE 1922

Le budget de 1922 est, à l'heure où j'écris, soumis à la Commission des finances de la Chambre. Il le sera ensuite à celle du Sénat et, par ces commissions, il est offert en discussion à l'opinion publique, car les conclusions en gestation des rapporteurs généraux, les débats de ces commissions, les avis de chacun des commissaires, sont analysés et discutés dans la presse quotidienne à mesure qu'ils se produisent. Je ne vois donc aucune utilité à fatiguer mes lecteurs d'une étude faisant double emploi avec celle à laquelle se livrent les commissions parlementaires, et dès lors, ici, pleinement superflue.

Par contre, je crois qu'il y a intérêt à examiner, à la lumière du bon sens, certaines des stipulations budgétaires qui, consacrées par l'usage, se maintiennent dans tous les documents de ce genre, et aussi ce qu'ils ne disent pas et ce qu'un budget rationnel du pays devrait contenir.

Ce n'est pas tel ou tel ministre des Finances

qui est visé par cet examen ; c'est l'Administration, toujours la même, qu'on retrouve avec ses qualités et ses défauts dans les budgets signés Doumer, Marsal ou Klotz ; et c'est le Parlement qui, aux prises avec les sollicitations individuelles qui assiègent ses membres, recherche des économies en priant Dieu de ne pas en trouver. Chaque parlementaire préconisant des restrictions budgétaires a tout de même, dans le coin secret de son âme où se réfugie le désir de faire plaisir à ses électeurs, des dépenses à proposer.

Le budget prévoit des dépenses tout à fait économisables et ne prévoit rien pour les nécessités éventuelles de défense maritime et territoriale, pour l'accomplissement normal de nos obligations de maintien de nos droits dans les pays soumis à notre influence, pour le règlement des comptes spéciaux, pour l'amortissement des dettes, pour l'outillage du pays et pour le développement scientifique et d'enseignement, sans lequel nous serons encore plus terriblement distancés par pas mal de grandes nations, nos émules, et bien davantage encore par beaucoup de petites qui, comme la Suisse, donnent à l'enseignement un soin tout spécial.

Ce que le budget porte en dépenses n'est pas tout perte. On a coutume de se lamenter sur le flot montant des dépenses publiques et de se demander si le pays *peut faire face à ce qui lui est réclamé.* Mais le pays, considéré comme une entité, peut certainement se payer à lui-même les 12 milliards et demi prévus au budget pour le service de la dette publique intérieure et, quand il se les sera payés à lui-même, il ne sera ni plus riche, ni plus pauvre. On pourrait croire qu'il sera plus pauvre des frais de perception et de paiement, mais cela encore est inexistant, car je suppose que ce ne sont pas des étrangers qui feront cette perception et ce recouvrement.

La vérité est que le pays est appauvri de tout ce qu'on pourrait économiser de temps et de travail pour les encaissements et les paiements, en admettant que le temps ainsi économisé des fonctionnaires soit employé à la production. Cela est peu de chose pour les paiements de rente, cela est énorme pour l'ensemble des perceptions ; si les impôts étaient simples, immédiatement recouvrables, l'État gagnerait en économie de personnel et d'intérêts d'argent deux milliards au moins par an et ce n'est pas négligeable.

Le total des frais de régie, de perception et d'exploitation des impôts et revenus publics est dans le budget de 1922 accusé pour 2 546 893 533 francs[1] — mais c'est un total officiel, il faut voir ce que réclament les divers ministères pour les mêmes buts.

Un travail de M. Bokanowski, rapporteur

---

1. Il était de 1 003 410 000 en 1920. Un milliard et demi d'augmentation en 2 ans. !

général, dont la presse quotidienne a reproduit les chiffres, a fait ressortir qu'au 1er juillet 1914 : 543 271 fonctionnaires coûtaient au budget 1 154 418 145 francs, et qu'au 1er janvier 1921 : 732 926 fonctionnaires émargeaient 4 905 264 634 francs. Ce travail avait pour but de montrer qu'on pouvait réduire, au 1er janvier 1922, le nombre des fonctionnaires à 690 938 unités et le total de leurs émoluments à 4 617 903 666 francs, mais ceux qui savent ce que parler veut dire ne peuvent manquer d'apprécier qu'au 1er janvier 1922, en admettant que les velléités parlementaires aient comprimé le *développement* du fonctionnarisme, on aura tout de même à verser 5 milliards à la totalité des agents de l'État ! Ne prévoir que 95 millions d'augmentation d'un premier Janvier à l'autre est le comble de la modération en pareille matière.

Mais laissons de côté la perte et examinons le manque à gagner dû à notre système d'impôts.

*
* *

Pour en avoir une faible idée, laissons un moment le budget et reportons-nous à la situation au 31 juillet 1921, insérée au *Journal officiel* du 12 août suivant.

Nous y verrons que, sur 11 324 551 000 francs, montant global des rôles émis pour la contribution sur les bénéfices de guerre et sur

9 243 663 000 de portion exigible sur ce chiffre, 5 567 475 000 francs seulement sont rentrés.

Cela excite généralement la verve des journaux, qui demandent ce qu'on attend pour faire payer les *mercantis !* Ceux qui suivent ces questions savent que l'administration des finances a constamment été en retard sur le commerce pour l'enregistrement des déclarations du commerce, même celles sur lesquelles aucune contestation ne s'élevait et que ces retards d'enregistrement de déclarations, d'émission de rôles et par suite de recouvrements, sont cause des manquants des perceptions au 31 juillet 1921 : deux milliards 600 millions.

La situation arrêtée au 31 mars 1921 était la suivante (voir page 39).

De son examen, il résulte que, sur cinq milliards 646 millions de cotisations fixées au 31 décembre 1917, d'après les déclarations des assujettis, l'Administration, méfiante au point de vue de l'exactitude des déclarations et pas du tout au point de vue des défaillances possibles des contribuables, n'a encaissé, n'a *voulu* encaisser que 192 millions, laissant en panne les deux quarts exigibles, soit deux milliards et demi. Au 31 décembre 1918, trois milliards et demi étaient en panne. Au 31 décembre 1919, les débats de conscience de l'Administration avaient arrêté la perception de quatre milliards que le commerce, par ses déclarations, s'était offert à payer.

PRODUIT DE LA CONTRIBUTION EXTRAORDI-
NAIRE SUR LES BÉNÉFICES EXCEPTIONNELS
OU SUPPLÉMENTAIRES RÉALISÉS PENDANT
LA GUERRE

Situation arrêtée au **31 mars 1921.**

PÉRIODES	MONTANT DES BÉNÉFICES retenus pour servir de base d'imposition.	MONTANT DES COTISATIONS	RECOUVREMENTS EFFECTUÉS
	francs	francs	francs
1er août 1914 au 31 déc. 1915.	2 171 330 978	1 067 634 618	»
1er janvier au 31 déc. 1916.	3 218 187 356	1 895 019 823	»
1er janvier au 31 déc. 1917.	3 331 114 324	2 683 921 017	192 463 000
1er janvier au 31 déc. 1918.	2 452 541 753	2 292 580 935	521 543 400
1er janvier au 31 déc. 1919.	1 411 557 108	2 376 082 812	614 357 200
1er janvier au 30 juin 1920.	16 282 510	99 636 688	2 937 073 700
1er janvier au 31 mars 1921.	»	»	995 600 300[1]
Totaux.	12 601 014 029	10 414 875 893	5 261 037 600

1. Reconnues effectuées du 1er janvier au 31 mars 1921.

Dans le 1er semestre de 1920 et parce qu'une
nouvelle loi autorisait l'encaissement de la partie

exigible des sommes déclarées, le fisc touchait 2 937 073 700 francs et dans le 1er trimestre de 1921 le fisc encaissait encore 995 600 300 francs. Ce qui n'empêchait pas cinq milliards de rester à la traîne. Aujourd'hui il ne reste plus à encaisser que deux milliards 600 millions, ce n'est toujours pas la faute du commerce.

Ce système de tâtonnements et de retards, dû à l'arbitraire et à l'obscurité de la loi, appliqué, depuis le début, à la contribution des bénéfices de guerre, a coûté au bas mot d'intérêts de retard quinze cents millions, et certainement il en a coûté ou en coûtera autant de non-valeurs évitables, car l'Administration, grâce à son formalisme et grâce aussi, il faut le reconnaître, aux vices de la loi, n'est arrivée à émettre ses rôles pour les bénéfices de guerre dus par les étrangers, que lorsque ces étrangers avaient quitté la France et mis chez eux à l'abri ce que la France aurait encaissé si nos perceptions se faisaient ou pouvaient se faire à temps.

Il n'y a pas que les étrangers dont on ne percevra pas les contributions pour bénéfices de guerre, il y a les maisons de commerce, les industries qui n'avaient pas mis de côté ce qu'il fallait pour subir sans défaillance le formidable dénivellement des cours et l'effroyable mévente du premier semestre de 1921. Ceux-là sont ruinés et l'État, qui prend toutes sortes de précautions vis-à-vis des gens solvables, au point même de les empêcher de travailler[1], ne touchera pas des insolvables ce qu'il aurait reçu d'eux s'il leur avait présenté à temps la note à payer. Il ne peut maintenant que consommer leur ruine, au détriment de ses autres perceptions sur le mouvement commercial, et il n'y manque pas.

Qu'est-ce que cela fait à l'administration ? Ce n'est pas elle qui est frustrée, c'est nous contribuables qui le sommes, car on nous réclamera un jour le montant des non-valeurs dues à des encaissements ridiculement différés et qui payons, en attendant, des intérêts d'argent qu'un autre système d'impôt aurait permis d'éviter.

Contribuables à vos poches ! Vous avez voulu ou laissé établir un système d'impôts compliqué, vous l'avez ; payez-en les frais !

La comparaison de la situation arrêtée au 31 août 1921 (*J. O.* du 13 septembre 1921) avec celle du 31 juillet précédent montre bien les vices du système, et l'héroïsme fiscal du commerce sur lequel il est facile de dauber !

Au 31 août, le total des rôles émis pour la même contribution des bénéfices de guerre s'élevait à 11 429 247 000 francs en augmentation de 104 696 000 francs sur celle de juillet. Qu'attendait l'administration pour confectionner les rôles d'une contribution qui n'existe plus depuis

---

1. Loi du 25 juin 1920 donnant à l'État un privilège occulte de premier rang pour quinze années sur les immeubles de tout assujetti certain ou éventuel à l'impôt sur les bénéfices de guerre

le 30 juin 1920 ? Pendant combien de temps et pour quelle somme encore confectionnera-t-elle des rôles, dans les mois qui vont suivre ?...

Au 31 août, la portion exigible de cette contribution s'élevait à 9 497 899 000 francs en excédent de 144 236 000 francs sur la situation au 31 juillet, et les recouvrements effectués atteignaient le chiffre de 6 737 313 200 francs, accusant des paiements par le commerce en août de 196 837 400 francs. Le commerce est, pour payer, en avance de 65 millions sur l'émission des rôles et de 25 millions sur les exigibilités. Trouvez beaucoup de contribuables de ce calibre-là !

*
* *

Si le commerce est mis hors de cause par l'opinion publique c'est alors l'administration qu'elle accuse. Elle est, après le commerce, le bouc émissaire de choix qu'il faut nécessairement au public. Certes, l'administration est formaliste et paperassière, mais il faut incriminer avant tout notre *système général d'impôts* qui ne se prête pas à la simplification et que des lois exceptionnelles, comme celles des bénéfices de guerre, ont encore terriblement compliqué.

Pour faire à chacun sa part, il faut dire que le Parlement et l'Administration qui collaborent dans la préparation des lois et même dans leur discussion, car des commissaires du Gouvernement assistent constamment les ministres dans les discussions des lois financières, sont animés tous deux du même esprit systématique et de poursuite de l'absolu. Si l'on va au fond des choses on voit que chacun a son intérêt, générateur de responsabilité, dans les vices du système, et que tous deux sont atteints de *cratolatrie*. L'administration recherche les complications parce qu'elle est seule à s'y retrouver, du moins le croit-elle, et elle défend ainsi ses moyens d'existence. Le Parlement tombe dans les complications parce que chaque député veut faire échapper ses électeurs aux conséquences des lois qu'il vote, et faire subir toute la rigueur de ces lois à ceux qui lui refusent leur suffrage. Il est évident que cela n'est pas simple.

Malheureusement les complications se résolvent pour le pays en frais de perception, en intérêts de retard et en non valeurs (officiellement constatées ou non) pour des sommes folles !

* *

Le deuxième article de la même situation au 31 juillet 1921 (*J. O.* du 12 août 1921) porte sur les impôts cédulaires et l'impôt général sur le revenu. Nous reviendrons à part sur ces impôts lorsqu'il faudra examiner les facultés contributives de la nation ; mais, tout de suite, nous pouvons constater, par la situation même que nous examinons, que les impôts cédulaires et l'impôt sur le revenu sont encore plus compliqués dans leur assiette et leur recouvrement que la contribution sur les bénéfices de guerre.

Voici cette situation qu'il faut que le lecteur ait sous les yeux pour comprendre sans trop de fatigue les réflexions qu'elle suggère :

IMPÔTS CÉDULAIRES ET IMPÔT

Situation de l'émission et du

	MONTANT DES RÔLES émis pendant l'année 1920 au titre de.			TOTAL des rôles émis en 1920
	1916, 1917 et 1918	1919	1920	
1° Impôts cédulaires :				
Bénéfices industriels, etc.	32 123 400	85 131 700	339 670 900	456 926 000
Bénéfices agricoles. . .	152 200	328 500	8 663 200	9 143 900
Traitements, salaires, etc.	1 757 600	15 746 400	68 906 900	86 410 900
Bénéfices des professions non commerciales. . .	266 700	1 213 700	12 512 000	13 992 400
2° Impôt général. . .	49 740 200	95 833 300	594 817 500	740 391 000
Totaux. . . .	84 040 100	198 253 600	1 024 570 500	1 306 864 200
Montant des recouvrements effectués sur les rôles de 1920. .				908 759 200

Remarquons qu'il faut suivre les rôles émis en 1920 et partiellement encaissés en 1921 et les rôles émis en 1921 et sur lesquels se font également des recouvrements. Mais cette grande division se subdivise à son tour et pour des raisons de pure complication.

En 1920, il a été émis en chiffres ronds des rôles pour 84 millions au titre des exercices 1916, 1917 et 1918 ; pour 198 millions, au titre de l'exercice 1919 ; et pour un milliard 24 millions, au titre de l'exercice 1920.

En 1921, tout reprend et des colonnes spéciales

GÉNÉRAL SUR LE REVENU

recouvrement des rôles.

| MONTANT DES RÔLES ÉMIS PENDANT L'ANNÉE 1921 AU TITRE DE. | | | | TOTAL DES RÔLES ÉMIS EN 1921 |
1916, 1917 et 1918	1919	1920	1921	
10 226 000	22 818 100	187 386 200	184 952 500	405 383 400
44 500	71 100	5 431 300	3 815 800	9 362 700
1 038 300	4 689 100	39 393 000	69 719 600	114 840 000
92 700	238 700	5 669 500	12 925 900	18 916 800
22 429 800	27 686 100	251 335 000	221 501 300	522 952 200
33 831 900	55 503 100	489 205 000	492 915 100	1 071 455 000
Montant des recouvrements effectués sur les rôles de 1921.				212 291 600

sont consacrées aux rôles émis au titre de 1916, 1917, 1918, pour 33 nouveaux millions ; de 1919 pour 55 millions, de 1920 pour 489 millions et de 1921 pour 492 millions.

La situation au 31 juillet n'est pas une situation de liquidation et celle du mois suivant (31 août) reprend toutes ces cases avec, pour chaque total de 1921, les bonis résultant des nouveaux rôles émis au titre des exercices qui devraient pourtant être depuis longtemps clos de 1916, 1917 et 1918; 1919; 1920.

Certainement le mois qui précédera le jugement dernier verra encore l'administration émettre des rôles au titre des exercices 1916, 1917 et 1918 !

Quelle situation cela fait-il au contribuable qui ne sait pas ce qu'il doit et qui se découvre des sommes énormes à payer, car on lui réclame tout d'un coup un arriéré de 6 années ?

Quelle situation cela fait-il à l'État, en pertes définitives de recouvrement et en intérêts d'argent, payés pour des sommes auxquelles il ferait face sans frais par ses encaissements, si nous n'avions pas imaginé des combinaisons biscornues entraînant fatalement ces stupides pertes d'agios ? Pour les impôts cédulaires aussi il y a des étrangers rentrant dans leur pays, des insolvables et des décédés dont l'hoirie est déficitaire et qui, de leur vivant, auraient payé ! Cela aussi sera réclamé au bon contribuable et lui apprendra à être solvable !

*
* *

L'examen des situations mensuelles révèle une

véritable jocrisserie administrative, qui consiste à transformer en moins-value une somme qui n'a jamais pu ni dû rentrer. L'État avait évalué, sans qu'on sache pourquoi, le rendement mensuel de la taxe sur le chiffre d'affaires à 415 millions 666 500 francs. Il s'est rendu compte que la moyenne des perceptions ne dépassait pas 150 millions par mois et a procédé, en cours d'exercice, à une nouvelle évaluation ; mais il l'a fixée à 241 666 500 francs par mois, et chaque mois il se lamente sur la soi-disant moins-value qui résulte d'une non-concordance entre un chiffre arbitrairement fixé par lui et la réalité.

Pourquoi, en revisant une évaluation erronée, en ayant à se faire pardonner une légèreté, se tromper encore et tout de suite de cent millions à peu près par mois, surtout lorsqu'on sait qu'il faudra ensuite tous les mois constater l'erreur qu'on mettra, pour l'amour de l'infaillibilité administrative, sur le dos des contribuables, mais qui incombe tout de même au fisc.

Quand on constate de semblables fantaisies, on est amené comme Bastiat à penser à *ce qu'on ne voit pas* et on en frémit !...

On en frémit surtout lorsque cela permet de constater la légèreté d'un ministre des Finances qui, après une pareille erreur, tant de fois constatée, déclare qu'en doublant une imposition rapportant environ dix-huit cents millions par an, opération qui peut réduire à néant le rendement de la taxe, on obtiendra cinq milliards six cents millions.

Mais ne lâchons pas la situation au 31 juillet, avant d'avoir fait ressortir une manifestation de plus de cet optimisme administratif qui confine à la *jocrisserie*! Dans les observations qui suivent les chiffres, l'administration après avoir constaté une moins-value de 52 millions 062 000 francs dans les recettes de Douane de juillet ajoute négligemment, en manière d'explication, que « cette diminution paraît devoir être attribuée au resserrement de la consommation » ce qui laisse croire d'abord que cette cause est passagère, ensuite qu'elle est due à une disposition louable du pays à l'économie.

L'administration sait bien que cela est *faux* et que les recettes de *douane doivent constamment baisser*, sauf en cas de famine, puisque le Parlement, sur l'initiative gouvernementale du reste, vote sans arrêt des élévations de coefficient qui, appliquées aux droits de douane, ont pour but d'arrêter l'importation.

Il est impossible, sans violer outrageusement la vérité, de dire, dans l'exposé des motifs d'un projet de loi relatif à une élévation de coefficients, « à tel taux de droits la marchandise étrangère entre et fait tort à l'industrie nationale et nous vous proposons d'appliquer à ce taux de droit un coefficient qui supprimera l'importation » et, plus tard lorsque l'effet voulu de suppression des importations se sera produit, avec son inéluctable effet de suppression des recettes de douane, d'attribuer cette réduction voulue, complaisamment poursuivie, à un simple resserrement de la consommation qui n'est pas en cause.

Là encore, il faudra remplacer ce qui manque! Contribuables, attendez-vous à ce qu'on vous réclame le montant de tous les droits de douane dont la rentrée a été compromise par l'élévation des coefficients, car les dépenses marchent; et, si l'on n'y fait pas face par des rentrées de douane, il faudra bien trouver d'autres recettes.

Ce qu'il importe au pays de savoir c'est que, quand les droits de douane rentrent, le consommateur est allégé puisqu'ils rentrent sur des marchandises qui, droits payés, ressortent encore meilleur marché que la production nationale et que, quand les coefficients empêchent les droits de douane de rentrer, le consommateur, surchargé par l'élévation du coût des objets, a encore à remplacer dans les recettes budgétaires les sommes dont la rentrée est compromise par l'intervention des coefficients.

Des entorses à la vérité, aussi largement étalées dans les documents officiels, sont pénibles. On croit avec cela faire illusion au pays; la vérité est que seuls, l'Administration, le Gouvernement et le Parlement sont trompés, et sont trompés parce qu'ils le veulent bien.

*
* *

Revenons au budget dont on fait valoir les compressions. Elles consistent à mettre à la charge des exercices suivants des obligations certaines.

Le ministre des Travaux publics demande 1 495 321 775 francs de moins qu'en 1921. Ce n'est pas que le déficit des chemins de fer ait disparu, mais c'est parce qu'une nouvelle loi a créé un fonds commun qui aura la charge de payer (quand il fonctionnera et s'il dispose de sommes le lui permettant) et qu'il ne s'agit pour le moment que d'une somme insignifiante se rapportant à la remise en état des chemins de fer secondaires d'intérêt général et des chemins de fer d'intérêt local.

Certes le gouvernement a bien raison d'exiger toutes les compressions. Cela fait toujours un certain effet et quelquefois cela empêche des progressions, mais cet effet négatif est à peu près le seul obtenu et, dans ces conditions, quand on nous dit que le nouveau budget comporte des compressions évaluées à 2 548 millions de francs et qui reparaîtront sous un autre nom, il n'y a vraiment pas lieu de trop se réjouir !

Encore une naïveté du budget pour ne rien dire de plus ! Il évalue au pair notre dette à l'étranger, laquelle s'élève, ainsi calculée, à 35 milliards 286 millions de francs. Que nous manquions de sincérité vis-à-vis de l'électeur qu'on cherche à endormir, c'est grave ; mais ce n'est grave que comme symptôme, et cela peut ne pas se traduire par des effets immédiats ; mais que nous indiquions, dans un document public, que ce que nous devons de livres sterling n'est évalué par nous, en ce moment, qu'à 25 francs la livre, et que ce que nous devons de dollars n'est évalué, par nous, qu'à 5 francs ou à peu près, c'est tout bonnement fou, car clairvoyant parce que créancier, l'étranger, vis-à-vis de qui on est constamment en posture de solliciteur pour des reports d'intérêt, ne peut manquer d'évaluer bien bas la solvabilité de gens qui s'illusionnent à ce point sur ce qu'ils doivent.

L'emprunt de 1920, émis à 100 francs et remboursable à 150 francs, ne figure dans le relevé de nos dettes que pour 100 francs par titre. C'est une omission volontaire qui se chiffre par plusieurs milliards.

Décidément l'*État financier* ne vaut pas mieux que l'état commerçant, industriel ou armateur que M. Doumer se joint à tout le monde, dans l'exposé des motifs de son budget, pour reconnaître d'une *incapacité absolue*.

*　*

Nous avons vu quelques-unes des stipulations

du budget, mais il pèche surtout par ce qu'il ne contient pas.

Ne faudrait-il pas prévoir quelque chose de plus que la normale pour faire face aux éventualités de défense sur le Rhin ou de maintien dans les pays où notre situation nous a amenés et nous oblige à rester? A quoi sert-il de ne pas prévoir ces dépenses, qui se sont présentées à chaque exercice et qu'on dissimule ensuite comme on peut, sous forme de crédits supplémentaires en tâchant d'envelopper la pilule d'un sucre qui n'en masque que très insuffisamment l'amertume?

Ne faudrait-il pas préparer l'outillage matériel du pays en consacrant à cela un certain nombre de millions proportionné à la tâche à accomplir : amélioration des routes, établissement de canaux, création de forces, irrigation des campagnes?

Le budget ne doit-il en rien se préoccuper de la mise en valeur de nos colonies qui reste un thème à beaux développements et l'expression d'un vœu magnifiquement étudié, mais platonique?

L'enseignement, l'enseignement clef de tout, dont l'État a revendiqué le monopole, doit-il se traîner dans les soucis financiers où il est enlizé : les professeurs pourvus de salaires de famine, les laboratoires indigents, les expériences rendues impossibles par le manque de fonds et l'impression des ouvrages indispensables restant en suspens, tant que le papier sera cher?

Et la police, ne nous rendons-nous pas compte qu'après une commotion comme celle de laquelle nous sortons un redoublement de criminalité est fatal et que le seul moyen de l'enrayer est de mettre la police en mesure d'agir. Il faut lui donner le nombre, la considération à laquelle a droit son œuvre de sauvegarde du travail public ; et il faut aussi lui assurer des moyens d'action à la hauteur de la tâche qui lui incombe.

Rien ne peut se faire sans sécurité. Tous les vrais producteurs, les producteurs efficaces, sont timorés. S'ils ne se sentent pas soutenus, ils n'agiront pas ou ils agiront peu, et la perte économique pour le pays est d'un autre ordre de grandeur que quelques dizaines de millions de plus à la police. Voilà des fonctionnaires sur le nombre et les émoluments de qui il ne faut pas lésiner, si leur qualité est bonne.

Mais c'est toute une révolution à accomplir. Un des effets les plus accusés et le moins compréhensible de la *cratolatrie* a été le relâchement de la répression. Les policiers sont soutenus par les parlementaires comme électeurs, lorsque leur révocation est en jeu et malmenés par eux toutes les fois qu'ils rudoient un électeur. Les partis extrêmes qui font la loi, en régime modéré, ont des tendresses inexplicables pour les condamnés de droit commun et tout cela a créé un état contre lequel ne pourrait réagir qu'une administration de la police vigoureuse et honnête, mise entre les mains d'un chef de premier ordre.

Si l'on veut que l'armée du mal soit enfoncée et l'armée du bien victorieuse, il faut mettre à la tête de la dernière quelqu'un qui ait pour cette armée spéciale la valeur d'un Joffre, d'un Pétain ou d'un Foch, et peut-être les qualités des trois. Il faut le payer largement et lui donner les moyens financiers d'agir.

*
* *

Nous avons vu ce qui manque au budget des dépenses, signalons, hélas ! ce qui va manquer au budget des recettes.

Il doit être alimenté par la déclaration des bénéfices commerciaux et industriels de 1921, et dans le commerce tout le monde perd ou à peu près dans cet exercice-ci. Et la perception des droits de douane plus ou moins supprimée par les coefficients, ne faut-il pas faire état de ses réductions probables ? Jamais les recettes de douane en 1922 ne donneront les 2 706 932 000 francs escomptés. Il n'y a que l'administration qui ne se rende pas compte de ce fait ; malheureusement cela n'empêchera pas le fait de se produire.

Et les comptes spéciaux ; il est très bien de décider leur suppression, mais que prévoit le budget pour leur amortissement ? et cependant c'est par milliards que se chiffre le déficit de l'ensemble de ces comptes !

Je me limite de parti pris à des détails essentiels car cette étude, déjà longue et compliquée, a besoin, elle aussi, d'être simplifiée.

Je ne dis rien pour le budget des dépenses recouvrables, désirant m'en tenir à ce qui a un caractère permanent et qui, par la persévérance dans l'erreur, est *diabolique*.

CHAPITRE VI

PALLIATIFS

Une situation comme celle qui ressort du budget dont nous venons d'examiner seulement quelques lignes provoque les méditations des parlementaires et des économistes ; et ceux-ci font part au public, dans des articles de journaux, du résultat de leurs réflexions.

On ne peut pas négliger, dans une étude d'ensemble, les principales suggestions ressortant de ces articles.

CHAPITRE VII

ÉCONOMIES

M. Brousse, ancien Sous-Secrétaire d'État aux
finances, ancien Président de la Commission des
économies, qui a montré la plus grande vigueur
et la plus grande indépendance dans la dénon-
ciation des abus, s'est fait le champion des économies à réaliser et certes il n'en préconisera
jamais assez. Il est, parfaitement exact que de
nombreux rouages administratifs se superposent
sans utilité, et devraient être supprimés ; mais
attendre de cela une véritable amélioration de
notre situation financière est s'illusionner gran-
dement : 1° parce qu'il ne s'agit que d'une pous-
sière d'émoluments à supprimer ; 2° parce qu'ici
aussi intervient la Cratolatrie. Que voulez-vous
que fasse un parlementaire en présence de fonctionnaires animés d'un puissant esprit de corps
et se soutenant? On peut bien supprimer les
sous-préfets, en tant que sous-préfets ; mais on
casera tous les sous-préfets dont les emplois
seront supprimés et, au besoin, on créera une

administration des « économies » qui recueillera et stipendiera tous les fonctionnaires dépossédés.

Oui, il y a des économies considérables à réaliser dans nos administrations, mais pas par les moyens préconisés.

Il faut trancher dans le vif. Lorsqu'on exprime le souhait d'organiser l'État sur le modèle d'une maison de commerce, on demande une impossibilité. Une maison de commerce est une maison de commerce, et l'État aura beau faire il n'arrivera jamais à rien faire qui ressemble à cela.

Au lieu de dire tout simplement que l'État devrait s'organiser comme une maison de commerce, voyons le fonctionnement d'une maison de commerce, en contact avec le public, assimilable d'un certain point de vue avec quelques compartiments de l'administration, et rendons-nous compte des impossibilités de l'application des méthodes de l'une à l'autre.

*
* *

Les fonctionnaires, qui se dénigrent individuellement et s'admirent en corps, auraient beaucoup à apprendre en examinant le fonctionnement intérieur d'un grand restaurant ; j'entends d'une de ces maisons d'alimentation qui servent, à Paris, dans un espace restreint, quinze cents repas par jour.

Il faut des approvisionnements, dont la majeure partie est périssable et à renouveler tous les jours, après consommation ou détérioration. Il faut la qualité des aliments et leur fraîcheur à l'achat, ce qui exige, pour leur choix, une connaissance absolue des produits. Il faut le fini de la cuisine et du service. Il faut régler avec le client, à la fin de son repas, en quelques minutes et même en un intervalle qui ne se compte pas par minutes, et c'est l'addition de ce client qui fera face à tous les frais : au loyer de l'immeuble, à des impositions qu'on ne connaîtra que dans deux ans au plus tôt, aux salaires des employés que le public ne voit pas : cuisiniers, cavistes, chefs d'approvisionnements, caissiers ; aux salaires des garçons qui sont payés par des pourboires, dont la répartition, à elle seule, donne lieu à toute une organisation, et par des gages.

Cette addition du client porte sur des produits extrêmement variés, vins de divers crus et de diverses années, liqueurs de toutes marques. Il faut que le menu dont elle totalise la valeur ait plu à ce client, qu'on soit entré dans ses convenances, il faut accueillir sans mauvaise humeur ses observations et quelquefois ses rebuffades, pour s'assurer qu'il reviendra ; et c'est cette addition, faite au milieu du bruit, sur des indications de garçons à instruction rudimentaire, en partie étrangers, et réglée en quelques instants, qui est la pierre angulaire de la maison et qui rémunère les capitaux investis et les activités directrices. Et tout cela se chiffre par une quinzaine de millions par an, portant sur cinq cent mille repas !

Pourquoi ce travail se fait-il ainsi vite et bien. Parce qu'à tous les degrés il y a l'initiative et la responsabilité. Initiative et responsabilité chez celui qui a établi la maison, groupé les capitaux, recruté le personnel. Initiative et responsabilité chez ceux qui administrent, aussi bien pour les approvisionnements que pour la vente, et surtout pour le contrôle. Initiative chez les caissiers, les inspecteurs allant de table en table, chez les garçons, chez les cuisiniers, chez les cavistes.

Tous savent qu'ils gagneront largement leur vie si l'entreprise prospère, et qu'ils seront sur le pavé si elle ne fait pas ses frais, et cela sollicite leur ingéniosité et dirige tous leurs actes.

Comment ferez-vous pour introduire dans l'administration l'initiative et la responsabilité ?

L'initiative y a été pendant la guerre, elle a été déplorable et nous lui devons tous les services spéciaux si difficiles à supprimer, en attendant qu'on subisse le poids de leur règlement. Voilà qui mériterait une étude à part.

Je l'avais préparée et même largement avancée, sous le titre d' « *Interventionnisme appliqué* » ; le temps m'a manqué pour la produire, ce que j'espère bien faire un jour car cette étude comporte des enseignements pratiques ; entre autres une supputation de ce que nous a coûté le seul interventionnisme pendant la guerre et qu'on peut évaluer au quart des frais de la guerre, c'est-à-dire à cinquante milliards. Si l'État ne s'était jamais occupé de nous procurer du blé, du sucre, des navires, etc..., nous n'aurions certainement pas manqué de ces objets et nous aurions en poche cinquante milliards de plus que nous n'avons ; ou nous devrions cinquante milliards de moins, ce qui est la même chose, car un pays comme la France paie ses dettes. Dans une tasse de café, il y a le café et le sucre ; nous n'avons jamais manqué de café, pendant la guerre, parce que l'État n'avait pas considéré comme un devoir de nous en approvisionner. Par contre, nous avons souvent manqué de sucre, parce qu'il avait pris en main la tâche de nous en fournir.

L'initiative sans la responsabilité est une qualité funeste et, quant à la responsabilité, on ne l'introduira jamais dans une administration exécutant — ou faisant semblant d'exécuter — les ordres de ministres irresponsables.

*
* *.

Est-ce à dire qu'il faut renoncer aux économies administratives ? Non, mais il faut changer de système. Il ne faut pas, par adoration de la force électorale, vouloir transformer en service d'État tout ce qui en paraît susceptible, pour y caser les amis en quête de sinécures ; ni conserver les services d'État qu'on pourrait remettre à l'initiative privée.

Depuis combien de temps dit-on qu'on veut commercialiser les postes, télégraphes et téléphones ? A quel résultat est-on arrivé ? La poste voit tous les jours ses services devenir plus lents et plus coûteux ; elle en est à refuser les abonnés au téléphone plutôt que de se procurer les meubles nécessaires à son fonctionnement. Il n'y a qu'une manière de commercialiser les postes, télégraphes et téléphones ; c'est de les mettre en adjudication sur la base de leur coût actuel. En quelques années, les adjudicataires se seront enrichis, les affranchissements des lettres auront diminué de moitié, les dépêches se transmettront vite et à bon marché, les conversations téléphoniques payantes auront une progression géométrique et les employés des P. T. T. seront autrement rétribués.

Il en est de même des tabacs. Qu'on nous dise qu'il faut que l'État intervienne pour vendre du tabac et des allumettes, c'est une affirmation qui relève du Vaudeville, plutôt que d'une discussion sérieuse.

Nous verrons plus loin comment il faut simplifier les impôts, actuellement compliqués à plaisir.

Voilà où gisent les économies à réaliser. Postes qui cesseront de coûter et qui bientôt rapporteront, tabacs qui donneront le quadruple de leur rendement net actuel, impôts simplifiés dont l'assiette et le recouvrement rendront disponible la moitié des fonctionnaires des finances. Voilà des économies qui représentent autre chose que les appointements des sous-préfets et qui sont aussi faciles à réaliser, car on fait plus facilement en France une révolution que la suppression définitive d'une catégorie de fonctionnaires, mais ne comptons pas là-dessus pour demander moins au contribuable.

*
* *

L'État est un *faiseur de pauvres* et il est urgent que ses fonctionnaires soient stimulés par des traitements analogues à ceux que donnent les industries privées.

Il faut un peu penser à l'avenir. L'État utilise les palais édifiés aux xviie et xviiie siècles pour y loger ses ministères. Quand il n'existe plus de palais vacants, il prend les locaux séquestrés après l'expulsion des ordres religieux ; enfin, pendant la guerre, il a réquisitionné de grands hôtels ; mais c'est une tactique de prodigue et il devrait bien penser qu'il lui incombe à lui aussi d'élever un certain nombre de palais pour remplacer ceux qui disparaissent. De cela il n'a cure et il est aussi imprévoyant pour le nombre et la qualité de ses collaborateurs. Il vit actuellement sur ses réserves de fonctionnaires qui, trop avancés dans la carrière pour aller ailleurs, y restent mais ne seront pas remplacés, car le service de l'État n'a plus rien de tentant.

De ce côté aussi il faut qu'il pense à l'avenir et qu'il prépare les fonctionnaires, sans le concours desquels la machine ne peut pas aller. Il faut simplifier dans l'intérêt du public et pour réduire le nombre des fonctionnaires, mais dans l'intérêt du trésor il faut les payer, et dans l'ensemble de ce côté aucune économie ne peut être sérieusement espérée, au contraire.

CHAPITRE VIII

COMBINAISONS

Les spécialistes des économies sont d'excellents esprits, parfaitement inspirés. Les auteurs de combinaisons destinées, par un coup de baguette, à parer au déficit, sont aussi férus de bonnes intentions ; mais leurs propositions sont bien plus dangereuses.

Je ne voudrais pas passer ces projets en revue, car cela me mènerait trop loin ; mais il est nécessaire de dire un mot des dangers que certains nous feraient courir s'ils étaient pris en considération.

L'impôt sur le capital ne mérite qu'une mention. Il consisterait à prendre sur ce que possèdent les Français de quoi payer les dettes de l'État. Ce que possèdent les Français est-il suffisant? La valeur d'un capital dépendant absolument du moment et du mode de réalisation, il n'est pas prouvé que tout l'actif de la France suffise à payer ses dettes. Du mois de mai 1920, au mois de mai 1921, la fortune mobilière de la France a baissé de 60 pour 100 et je suppose que le capital mobilier entre en ligne de compte dans les propositions d'impôt sur le capital.

L'aliénation de ce capital total français ne pourrait se faire qu'au profit de l'étranger, car comment supposer un autre acquéreur ? Si tous les Français vendaient tout ce qu'ils possèdent pour le verser à l'État, où trouveraient-ils de quoi racheter ce qu'ils vendraient ? Personne n'emprunterait pour l'acquisition de propriétés perpétuellement exposées au même aléa de spoliation, car on ne s'explique pas pourquoi la France, après avoir payé ses dettes autrement qu'en travaillant, n'en ferait pas de nouvelles que le capital reconstitué aurait encore à payer ; et si les emprunteurs existaient, ils ne trouveraient pas de prêteurs, même à l'étranger. L'étranger devrait intervenir lui-même comme acheteur, en comptant sur ses forces pour défendre la propriété ainsi acquise, sans doute à bon marché. Nous serions sous sa coupe et le moyen financier qui consiste, pour s'affranchir de ses dettes, à se mettre soi-même en esclavage, ne peut hanter que des esprits mal équilibrés.

*
* *

L'impôt sur le capital est plutôt démodé, mais tout le monde parle un peu à tort et à travers de l'inflation monétaire.

Ceci vaut la peine d'une discussion de bon sens, après les discussions plus ou moins techniques auxquelles le public ne comprend rien.

Tout d'abord, déprenons-nous, en abordant ce sujet, de toute tendance mystique, de la foi au merveilleux, qui nous valent la plupart de nos erreurs. Pour beaucoup de gens, l'inflation avec un grand I doit nous sauver comme nous ont sauvés Jeanne d'Arc et la Marne. Écartons cet argument de pure illusion et examinons objectivement la question.

D'abord définissons la chose. L'inflation monétaire serait produite par la mise en circulation d'un nombre plus important que celui actuel de billets de banque. Le fait s'est produit chez les Allemands, en Autriche, en Russie. Il a partout eu pour conséquence l'avilissement de la monnaie si facilement produite, et la réduction du pouvoir d'achat de la monnaie s'est manifestée par un énorme renchérissement des objets.

Toutes nos tendances, notre atavisme cratolatriques nous mènent à n'envisager que les difficultés du moment, celles qui nous assiègent, au risque de rendre plus graves et plus insolubles les questions de demain. Nous sommes essentiellement improvisateurs et cela nous rend service en cas de difficulté ; mais préparer nous-mêmes les difficultés par des improvisations hasardeuses est une erreur dont il faut se garder.

Il est évident qu'à ceux qui vous disent :

« Notre trésorerie est embarrassée, dix milliards de plus d'émission nous aideraient à payer », il n'y a rien à répondre s'ils bornent là leur raisonnement et renvoient à un autre jour l'examen des conséquences ultérieures de cette émission.

Mais ce travail-ci a pour but de réagir contre la subordination, devenue habituelle, de tous les intérêts permanents à la solution momentanée des difficultés, et toute personne qui ne compte pas se suicider avant l'assaut des difficultés ultérieures doit considérer que l'intérêt permanent prime l'intérêt momentané lorsqu'il y est contraire. C'est à ceux-là que je m'adresse.

Une loi vieille comme le monde donne pour valeur aux objets achetables les moyens d'achat. Turgot a précisé cette loi, à l'époque où le système de Law bouleversait la notion de valeur ; mais, bien avant lui, Esaü l'avait pratiquée. Jacob disposait d'un plat de lentilles et Esaü de son droit d'aînesse. Jacob ne voulait troquer son plat de lentilles que contre le droit d'aînesse d'Esaü. Esaü pouvait bien refuser mais, affamé, il mourait et, en pareil cas, son droit d'aînesse était transféré à Jacob sans indemnité. Le mieux était de céder ; c'est ce que comprit Esaü mais, dans la circonstance, que s'est-il passé ? Un objet achetable, le plat de lentilles, a valu le moyen d'achat : un droit d'aînesse d'un prix inestimable.

La situation n'a pas changé. Vous augmentez

la monnaie en circulation de dix milliards ; automatiquement, les objets achetables dans le pays où a cours cette monnaie augmentent de coût, dans leur ensemble, de dix milliards. Il n'y a pas un grain de blé, ni une paire de chaussures de plus ; mais les grains de blé et les paires de chaussures existant dans le pays acquièrent une plus-value correspondant à l'augmentation de la circulation monétaire, c'est-à-dire des moyens d'achat. On pourrait aussi dire que la monnaie subit un avilissement correspondant à cette même augmentation. Dans les deux cas, le résultat est le même. La monnaie foisonne, les denrées ne se développent pas en quantité ; la monnaie subit les conséquences de son foisonnement, il en faut plus qu'autrefois pour la même quantité de marchandises parce qu'il y a plus de monnaie et qu'il n'y a pas plus de denrées.

Il est évident que si celui à qui ce raisonnement est tenu se dit *in petto* : « Qu'est-ce que cela me fait ? J'ai des grains de blé et des paires de chaussures, je profiterai de la plus-value et je cesserai après d'en produire et par suite d'en vendre », je n'ai qu'à me taire. Je dois loyalement reconnaître que ce raisonnement est celui de la masse, plus cratolatrique encore que les gouvernants, mais la masse a besoin d'être mise en garde contre ses entraînements. C'est même pour cela qu'ont été créés les pouvoirs gouvernementaux.

Lorsque Louis XV disait : « Après moi le

déluge », il était très insensible aux maux que devait entraîner après lui le déluge ; mais l'histoire de France ne s'est pas arrêtée à Louis XV, et elle ne s'arrêtera pas à la date à laquelle un tel ou un tel, profitant de la plus-value du blé ou des chaussures, vendra son stock et se retirera ; nous sommes tous plus ou moins des Louis XVI, c'est-à-dire des gens appelés à survivre à Louis XV et à subir le déluge, les vendeurs de blé et de chaussures compris, et il faut nous préoccuper des conséquences ultérieures de nos actes.

Reprenons donc sur cette question un raisonnement rigoureux.

Nous avons vu que, par suite de l'émission supplémentaire de dix milliards de francs de billets de banque, l'ensemble des valeurs achetables a augmenté, en France, de dix milliards de francs ; on ne peut donc plus, avec cent francs, acheter, après l'inflation, qu'une quantité de marchandises inférieure, dans toute la proportion de cette inflation, à la quantité qu'on aurait obtenue, pour cette même somme, avant l'inflation.

Au dehors, le même fait se produit sous un autre aspect. C'est le change qui joue. On a bien pu, en France, élever artificiellement le prix des objets, mais, au dehors, il est fixé par la valeur des objets similaires fabriqués par l'étranger et cette valeur est indépendante de toute inflation en France. Il s'ensuit, en cas d'inflation, un dénivellement supplémentaire dans les prix entre la

France et l'étranger, et c'est cela qui produit la tension et la hausse des changes.

Dix kilogrammes de marchandise française correspondaient autrefois à une livre sterling ; vous avez élevé en France, disons dans une proportion de 30 pour 100 par suite de l'inflation, la valeur de cette marchandise; et les dix kilogrammes que l'on continue à vous réclamer du dehors pour une livre sterling, livre sterling dont vous avez besoin pour faire des achats au dehors ou payer vos dettes ont en France une valeur de 30 pour 100 de plus qu'avant l'inflation, le change est monté de 30 pour 100 parce qu'il faut toujours les dix kilogrammes de marchandise pour obtenir en échange une livre sterling et que ces dix kilogrammes de marchandise ont acquis une valeur supplémentaire de 30 pour 100 par le fait de l'inflation. Chiffrons pour plus de clarté. Les dix kilogrammes de marchandise envisagés valaient 46 francs et vous aviez pour cela une livre sterling, en amortissement de vos dettes ou en marchandises anglaises ; vous avez donné à ces dix kilogrammes de marchandises une plus-value de 30 pour 100, et ces dix kilogrammes de marchandise valant aujourd'hui 46 francs, plus 30 pour 100, soit 59,80 ; la livre sterling ou son équivalent en monnaie stable vous coûtera donc 59,80. Elle vous coûtera cela par le seul fait de l'inflation, mais les conséquences morales de l'inflation qui prouvent qu'entre deux combinaisons pour parer à des dettes : produire davantage des marchandises qui ont toujours leur valeur internationale libératoire, ou élever artificiellement chez soi le cours des choses, en ne faisant illusion qu'à soi-même, c'est la dernière proposition qui a été choisie, ruine la confiance de l'étranger dans le pays ; or la confiance est le grand facteur des changes[1] et il se peut que, pour avoir surélevé de 30 pour 100 à l'intérieur la valeur des objets, vous ayez réduit de 60 pour 100 au dehors la valeur de la monnaie qui les représente.

*
* *

Ici, je sais très bien que mon contradicteur m'attend, avec l'argument de la prime donnée à l'exportation, par la hausse des changes et aussi par l'utilité que le franc ne reprenne pas, avant le redressement total national, sa valeur d'avant guerre.

Il faut séparer ces deux thèses, dont le groupement ne produit que de la confusion.

La monnaie dépréciée facilite les transactions lorsqu'il s'agit de vendre à un pays à monnaie saine ; mais elle les rend singulièrement difficiles lorsqu'il s'agit d'acheter à ce même pays. Par conséquent la hausse des changes n'est d'aucun

---

1. Voir annexe I : Le change, « Exportateur Français », nᵒ du 12 mai 1921.

avantage pour un commerce international d'achat au dehors de certaines matières premières et de vente au dehors de produits dans la confection desquels entre cette matière première, et pour la proportion dans laquelle elle y entre.

Cependant, comme tous les phénomènes, celui-ci peut avoir son effet coercitif et par suite salutaire? Le change élevé pèse sur les achats au dehors et incite à les réduire; il constitue une facilité de vente et agit comme prime à l'exportation et, si le corps économique est sensible aux deux impulsions contraires qui lui sont ainsi données, il se rétablira comme le corps humain revient à l'état normal, lorsqu'à un excès de table succède un jeûne compensateur. Si le commerce dans son ensemble pratique le moins possible d'importations, parce qu'elles sont difficiles et chères; et s'il effectue beaucoup d'exportations, parce qu'elles sont facilitées, la situation débitrice extérieure du pays s'améliorera et le change aura une tendance à revenir au pair; mais à une condition, c'est que le pays produira. Sans cela, s'il exporte ce qu'il possède sans produire, cela revient à aliéner son Avoir. Au fond de tout, il y a la production, la production qui suffit à tout, la production sans laquelle on ne peut rien !

Ceci c'est le raisonnement, mais à côté de la théorie, et pour la corroborer, il y a l'expérience.

Nous avons un change élevé par rapport à l'Angleterre, aux États-Unis, à la Suisse, à l'Espagne et un change bas par rapport à l'Italie, à l'Allemagne, à la Pologne, à la Tchéco-Slovaquie, etc... Nous avons donc le choix et, si la situation du change influençait d'une façon absolue les affaires, qui nous empêcherait de diriger nos opérations vers le groupe de pays dont la situation de change seconderait le mieux nos opérations?

On dit d'acheter aux pays à change déprécié et de vendre aux pays à change normal, mais c'est encore un conseil ne tenant pas compte des circonstances. On achète au pays qui, tout compte fait, vous vend au meilleur marché rendu chez vous; on vend au pays qui, tout compte fait, vous paie le plus cher la marchandise, prise chez vous; mais le mieux est d'acheter le moins possible, sans renoncer à une opération de vente avantageuse exigeant un achat préalable, et de vendre le plus possible d'une façon absolue et sans restriction; pour tout cela il faut produire, produire ou transformer (ce qui est partiellement une production). Le dernier mot de toutes les combinaisons est toujours: produire, produire! produire!! ce qui prouve l'inanité de toutes les combinaisons qui n'exigent pas de la production et la valeur des combinaisons de production qui permettent de se passer de toutes les autres.

Ici abordons la deuxième objection.

Mais si vous vendez beaucoup au dehors, si, par impossible, vous rameniez le change au pair, du coup nous serions ramenés aux valeurs d'avant-guerre ; la fortune de la France diminuerait et son revenu retomberait aux 35 milliards de 1913, ce qui ne permet pas le prélèvement annuel de 25 à 30 milliards du budget. C'est une erreur que de lier le change à la fortune publique. Les deux sont indépendants l'un de l'autre.

Il y a là une erreur assimilable à l'Anthropomorphisme en matière divine. Nous ne pouvons pas nous isoler de ce que nous avons connu et il faut que nous y ramenions ce qui nous est inconnu. Nous ne comprenons la *douceur de vivre* que sous les espèces de la dernière époque où nous l'avons connue, avant la guerre, et nous ramenons nos conceptions à cette époque avec ses dimensions. Quelle erreur ! La planète a dépensé en raison de la guerre environ mille milliards qu'elle n'avait pas. Elle s'est endettée vis-à-vis d'elle-même par des crédits divers que se sont accordés ses habitants. Tout cela sera payé et, quand ce sera payé, l'ensemble des valeurs en circulation, la fortune du monde se sera accrue d'autant. Le chiffre global des valeurs du monde entier, si le chiffre avancé est exact, se sera accru de mille milliards réalisés, remboursés aux prêteurs par les emprunteurs, tandis qu'à l'heure qu'il est, ces mille milliards sont en promesses de paiements ; mais au fait est-ce que ce n'est pas la même chose ? Nous avons été pendant la guerre des emprunteurs sur hypothèque ; quand nous aurons remboursé, la somme n'existera ni plus ni moins. Un capitaliste ne fait-il pas figurer dans sa fortune ce qui lui est dû? S'il est avisé, tout ce qu'il possède est engagé, rien n'est sous la forme stérile des espèces thésaurisées. Les remboursements qui lui sont faits ne servent-ils pas à de nouveaux prêts? Il en est de même des divers pays chez eux et entre eux. Ce qui sera remboursé restera dans la circulation non pas monétaire mais des valeurs; le patrimoine de chacun ne sera ni plus ni moins enflé après le remboursement des dettes qu'avant. Si, il se sera enflé des bénéfices procurés par le travail qu'il sera nécessaire de faire pour arriver au remboursement.

Mais est-ce que le patrimoine du monde n'augmente pas constamment? Pourquoi voulez-vous que lorsque les événements ont donné un coup de fouet à la production, les sommes produites par ce développement soient anéanties?

Somme toute, la somme a été créée par la mobilisation de gages qui, sans la nécessité du moment, seraient restés immobilisés, et par conséquent hors de la circulation. Les belligérants ont payé cher, mais quoi? Des objets et des services, et les détenteurs de ces objets ou les personnes qui ont rendu ces services ont été payés en bonne monnaie, grâce à l'intervention de tiers prêteurs qui ont joué là inconsciemment ou non le rôle de banquiers. Celui qui a été payé gardera ce qu'il a touché, les prêteurs se feront payer et les sommes représentées par les valeurs et les services, jointes à ce que possédait déjà la planète, composeront l'Avoir mondial.

Que la circulation monétaire doive baisser, cela n'est pas douteux ; qu'on puisse de nouveau, malgré les affirmations contraires, régler en or les appoints, cela est certain ; mais quel rapport y a-t-il entre l'instrument monétaire et la fortune à laquelle il sert d'agent d'activité ? Il serait tout aussi plausible de croire que le porte-monnaie d'un richard doit être plus gros que celui d'un contremaître.

L'opération de conversion en fortune acquise des sommes créées par la mobilisation des gages jusqu'alors immobilisés se fait tous les jours sous nos yeux par les augmentations de capital. Sans que nous y prenions garde, tout se met à la nouvelle échelle, résultant de la création dans la fortune de la planète de mille milliards de francs de plus, qui ne se perdront pas. Peut-on penser qu'à un moment donné les souscripteurs des titres nécessaires à ces augmentations de capital, pris de folie mystique, déchireront leurs titres ? Et s'ils le faisaient, cela changerait-il la situation des sociétés à capital augmenté ? Et si ces sociétés, après avoir fait de fortes réserves, remboursaient les augmentations de capital, cela empêcherait-il qu'elles auraient gagné les sommes permettant ce remboursement ? et la planète, ou la France prise isolément, seraient-elles appauvries par ces remboursements qui fourniraient simplement la preuve que celui qui rembourserait son capital aurait fait de bonnes opérations ? Et ceux à qui on rembourserait les titres, jetteraient-ils au feu les sommes qu'on leur verserait ?

Il faut en faire notre deuil, les sommes dont s'est endettée la planète se paieront, la circulation des capitaux sera accrue d'autant et la crise actuelle n'est qu'une crise de tassement. Quand le franc aura repris sa valeur, c'est que la France aura payé ses dettes extérieures, pas plus ; et c'est ce qui presse. Ce pas fait dans la voie des amortissements, elle sera en meilleure posture pour faire face à ses engagements intérieurs. Le jour où nous aurons remboursé aux étrangers ce que nous leur devons, il se maintiendra en France une circulation de capitaux au moins égale à celle du moment actuel. Le franc, *actuellement nain* parmi des géants, reprendra sa taille par rapport à la livre et au dollar, mais il restera un diviseur plus petit qu'autrefois de la fortune publique, parce que la fortune publique ayant augmenté sans qu'il augmente lui-même, sa proportion à cette fortune publique est devenue plus faible et les budgets de vingt-cinq et de trente milliards se percevront au moins aussi facilement qu'aujourd'hui quand le franc aura retrouvé le pair.

*
* *

Les erreurs dans lesquelles on tombe lorsqu'on

vent anticiper l'avenir dans une matière aussi conjecturale sont innombrables et on ne peut pas penser à les réfuter toutes sans donner à ce travail des dimensions qu'il ne saurait atteindre. Il reste cependant à formuler une observation de bon sens qui se suffit et va à l'encontre de toutes les erreurs. Quelles que doivent être les transformations de la fortune publique, il faut payer ses dettes, il faut les payer par de la production, et, plus vite on paiera, moins on paiera.

Il faut bien que les erreurs russes aient pour nous une valeur d'enseignement. Les bolchevistes ont voulu détruire la propriété et supprimer les dettes ; la conséquence n'est pas de savoir à quel prix ils paieront des capitaux, mais bien de savoir s'ils mangeront ou ne mangeront pas, ce qui est soumis à deux conditions : 1° la bonne volonté des ravitailleurs ; 2° leurs possibilités, qui ne sont pas infinies.

Voilà ce qui arrive quand on ne paie pas ses dettes ; par contre, quand on les paie, celui qui les paie est subrogé au créancier et possède tout ce dont il a permis ou effectué le remboursement.

Tout cela c'est du bon sens et je défie n'importe qui, en tournant et en retournant le raisonnement, de détruire la consolante conclusion à laquelle j'arrive. Nous sommes acculés à mourir de faim comme les bolchevistes ou à nous enrichir en travaillant. Et qu'on ne fasse pas intervenir ici des histoires de capitalistes ! C'est le travail-

leur, en première ligne, qui doit s'enrichir, puisque la rédemption est basée sur le travail.

« Qui paie ses dettes », s'enrichit dit le
proverbe ; « qui les nie, se suicide », peut-on
ajouter avec certitude, depuis qu'on a sous les
yeux les résultats de l'expérience soviétique.

CHAPITRE IX

LIBERTÉ FINANCIÈRE

Quand les faiseurs de théories ou les esprits aptes à les échafauder sont au pouvoir, au pouvoir administratif comme au pouvoir ministériel, les combinaisons saugrenues prêchées pour tout arranger d'un coup de baguette deviennent des décrets et, entre autres saugrenuités, naissent les restrictions financières.

Il est parfaitement exact qu'en temps de guerre, et plus encore en temps de paix, l'État doit surveiller les spéculations sur le change.

La spéculation sur marchandise se détruit d'elle-même en temps normal et il n'y a qu'à la laisser agir. Ses inconvénients de cherté ou d'avilissement des cours ont leurs répercussions fatales, bienfaisantes et immédiates de développement de la production ou d'augmentation de la consommation, qui compensent et au delà le mal momentané qu'elle peut faire ; mais lorsque la spéculation se porte sur le franc, comme elle peut théoriquement mobiliser, dans ce but, toutes les forces financières internationales et qu'un trop grand avilissement, je veux dire un avilissement injustifié du franc peut occasionner des paniques et troubler nos relations avec l'extérieur, relations à ménager jalousement tant que nous sommes débiteurs, l'État a le droit et le devoir de surveiller les agissements spéculatifs se portant sur le franc, pour intervenir en cas de besoin. Heureusement ces nécessités d'intervention sont extrêmement rares et la surveillance est d'autant plus efficace, au point de vue des vrais intérêts nationaux, qu'elle est plus discrète.

Mais une intervention discrète ne contente pas l'Interventionniste et, transportant son action d'un compartiment où elle est justifiée, sur tout le terrain financier, le gouvernant administratif ou ministériel gêne toutes les transactions relatives aux fonds publics.

Qui croit tromper le ministère des finances, en empêchant les rentes de se négocier aux cours qui résulteraient de transactions pleinement libres, faites au plein jour, dans les Bourses de fonds? Croit-il tromper l'Étranger? Le capitaliste français?

Un phénomène vraiment curieux et qui s'observe là plus qu'ailleurs, c'est que le seul trompé est le trompeur. A force de professer que l'intervention est nécessaire et qu'elle est féconde, celui qui le dit finit par croire à la valeur de cet argument d'autorité, et, un peu d'illusion aidant, il juge vraiment bienfaisante son intervention, mais il est le seul à concevoir cette opinion. La Fontaine a créé la *mouche du coche*, que n'a-t-il montré la mouche affolant l'attelage et faisant verser le coche ? L'État complète tous les jours la fable de La Fontaine !

Il est certain qu'en empêchant les transactions en bourse, on peut allonger sur trois mois ou sur trois ans une baisse qui se produirait en trois jours ; mais il est non moins certain que tous les changements de mains empêchés par ces restrictions et qui se seraient produits après la lessive des trois jours auraient facilité les affaires et le relèvement de la valeur soi-disant soutenue. Ce à quoi on n'arrivera jamais, c'est à faire prendre à qui que ce soit pour un prix supérieur à ce qu'il vaut un titre quelconque. L'État peut, pour cela, se servir de son droit de gestion des fonds des incapables, mais heureusement que les incapables, ayant pour tuteur le roi des incapables, ne disposent que de sommes restreintes ; et le seul criterium de la valeur d'un titre, c'est le prix qu'il obtient quand il est mis en vente librement. Jusqu'à ce que cette liberté soit rétablie, aucun bon esprit n'est dupe de cours cotés par ordre.

L'esprit superficiel des édicteurs de restrictions éclate dans le caractère inefficace de leurs décisions. En raison de la loi sur l'exportation des capitaux, aucune banque ne peut vous donner, en monnaie du pays dans lequel vous voulez aller, une somme suffisante pour vos dépenses, mais vous n'avez qu'à entrer chez un changeur et à lui prendre ce que vous voudrez de la même monnaie, personne n'y trouvera à redire.

L'État croyait qu'on souscrirait plus largement à ses emprunts quand, dans leur intervalle, il contrôlait et souvent arrêtait les émissions privées. Il a ainsi retardé par des formalités désagréables, et en définitive inutiles, des constitutions d'affaires ou des augmentations de capitaux, jusqu'au moment où les unes et les autres sont devenues impossibles ; et personne n'a porté à l'emprunt ce dont le Détenteur avait d'autant plus besoin pour une affaire industrielle qu'on l'empêchait de s'adresser au public pour obtenir le complément des capitaux nécessaires à la bonne gestion de son entreprise.

Certes le retour à la liberté sera marqué par quelques vives perturbations en bourse, mais après ? On sait bien qu'il faut en passer par là. Plus on attend, plus les perturbations seront profondes et durables. Elles engendreront quelques grandes fluctuations brusques et importantes, puis le cours normal s'établira.

Le cours normal n'est ni le cours élevé que veut l'État, ni un cours bas, un cours sans fluctuation, c'est le cours tel que le font l'offre et la demande, le cours légitime et fatal contre lequel les restrictions administratives sont en définitive aussi efficaces qu'une pierre de plus ajoutée au barrage produisant la chute du Niagara.

Une turlutaine récente est la baisse du taux de l'intérêt. La Banque de France a considéré utile, après une réduction du taux de l'escompte de la Banque d'Angleterre, de réduire de demi pour cent son taux officiel. Là-dessus chacun voit la baisse prochaine et définitive du taux de l'intérêt. Comment peut-on envisager cela à un moment où les besoins de capitaux sont énormes et insuffisamment satisfaits.

Il y aurait cependant un moyen de nous donner en France les capitaux abondants dont nous avons besoin et qui s'y offriraient à bon marché s'ils s'y faisaient concurrence, c'est de rétablir intégralement la liberté financière. Notre pays est le plus tranquille du monde, donc celui qui inspire le plus de confiance, et s'il ne s'érigeait pas en souricière des capitaux, les fonds du monde entier y afflueraient. Seulement on n'a envie d'entrer quelque part qu'à la condition d'avoir toute liberté pour sortir.

Les Banques louent bien leurs coffres parce qu'elles laissent toute liberté à leurs locataires. Si elles décrétaient qu'elles ne laisseront pas sortir ce qui y entre, aucun coffre ne se louerait.

Quand la France comprendra-t-elle ce raisonnement élémentaire ?

Avec la liberté, il se produirait bien quelques évasions de capitaux nationaux, mais bientôt les fonds français, égarés sous d'autres cieux, effrayés des risques à courir, rentreraient au bercail, et leur fugue momentanée serait largement compensée par les capitaux étrangers venant réclamer chez nous un droit d'asile.

Nos banques de dépôts regorgent de fonds et allouent de très faibles agios aux sommes qui leur sont confiées à titre de dépôts à vue ; la France pourrait avec un peu d'esprit libéral faire comme les banques de dépôt, voir affluer chez elle les fonds du monde entier et profiter d'un bon marché de l'argent inouï en cette période difficile.

CHAPITRE X

SITUATION ÉCONOMIQUE

Au temps du baron Louis, il n'existait pas de politique dénommée économique. La politique tout court, et quel que fût son objet, était la pratique des hommes d'état. La situation économique se ressentait encore des entraves moyen-âgeuses non encore supprimées, mais la liberté pénétrait chaque jour plus dans les affaires et la politique économique, c'est-à-dire l'intervention systématique de l'État dans la gestion des entreprises privées n'était heureusement pas encore née. C'est pour cela que le baron Louis disait à ses collègues : « Faites-moi de bonne politique et je vous ferai de bonnes finances. »

S'il vivait aujourd'hui, il serait bien obligé de constater que les incidences de la politique pure, sur les questions financières, sont bien intermittentes et bien faibles ; et que, par contre, la situation financière dépend absolument de la situation économique.

Nous avons commencé, vers 1885, une régression douanière antilibérale qui s'est poursuivie, en accentuant chaque fois sa progression, en 1892, en 1910, et depuis la guerre.

Aujourd'hui c'est fou ! Tous les matins une nouvelle prohibition de sortie ou d'entrée, nous avons même franchi une nouvelle étape. L'existence de tel ou tel commerce n'est pas seulement subordonnée aux convenances agricoles et industrielles à l'égard de la concurrence internationale, mais encore de ce qu'on considère comme l'utilité momentanée du pays. C'est ainsi que l'on a encore récemment supprimé du jour au lendemain l'exportation des tourteaux, dans la pensée que l'agriculture en aurait ainsi davantage à sa disposition et les paierait moins cher. Pour apprécier l'arbitraire de cette mesure typique, qui s'est répétée Dieu sait combien de fois pendant la guerre et depuis la paix, il faut bien connaître la denrée en cause. Le tourteau est le résidu des graines oléagineuses triturées et pressées. Suivant la graine moulue, le tourteau est bon à la fumure des terres ou à la nourriture des bestiaux. Il représente, en volume, les deux tiers des graines mises en œuvre et par conséquent, de sa vente, de son évacuation dépend le sort de l'huilerie qui n'obtient en huile que l'autre tiers et que son sous-produit encombre vite, d'une manière intolérable. Quand on garde le tourteau en magasin, il s'effrite et fermente. Il faut donc que le fabricant d'huile arrête son travail si la sortie des tourteaux est suspendue, ce qui, par la cessation de la production des tourteaux, va exactement à l'encontre du but que se proposent les prohibitionnistes, qui désirent mettre beaucoup de tourteaux à la disposition de l'agriculture et qui en tarissent la production. L'incidence du net produit des deux tiers de tourteaux laissés par la graine après sa trituration, sur le prix de revient de l'huile est énorme. Pendant toute la guerre, les Anglais ont fait ce qu'ils voulaient de leurs tourteaux et nous étions les seuls à ne pas les exporter. Au besoin, on déchaînait contre ceux qui souhaitaient faire comme nos alliés toutes les calomnies de vente aux Boches. La seule vraie raison de cette époque était celle qui éclate aujourd'hui. Les Anglais faisaient à cette époque leurs affaires comme ils le font aujourd'hui, et nous avions pour conducteurs économiques des gens qui ne savaient que regarder faire les Anglais et les applaudir. Mais ceci est un autre sujet et, restant sur le terrain actuel des tourteaux, nous sommes bien obligés de constater que, aujourd'hui, où la paix a succédé à la guerre et où la fameuse question d'alimentation des Boches a disparu, la prohibition marche tout de même plus fort que jamais.

Dans ces conditions, comment peut-on travailler? Tous les jours une nouvelle prohibition, un nouveau coefficient de droit de douane, un nouvel impôt intérieur, un nouvel élément de cherté et des poursuites pour spéculation illicite;

ou une concurrence privilégiée par baraque Vil-grain, si le commerce cherche à rattraper dans le prix de vente ce qui a été ajouté à son prix de revient !

Le commerce doit tout payer, en revanche il ne doit rien encaisser, rien récupérer et c'est avec cela qu'on veut faire de bonnes finances.

Cet illogisme est le triomphe de la *cratolatrie* dans les cervelles primaires de la majorité qui légifère, de l'administration qui nous régit, de la justice qui se figure protéger les faibles en tapant à tour de bras sur une catégorie de la nation qu'elle estime faible et désarmée. Il faut bien donner des satisfactions à la masse !

La situation économique dépend du mouvement industriel, du mouvement bancaire, du mouvement des transports ; mais qui ne voit que l'industrie, la banque et les transports ne s'exercent que dans un milieu où la production abonde et si la consommation se développe. Or comment cela peut-il se faire sans le commerce qui dégage le producteur de ses denrées et véhicule la marchandise jusqu'au consommateur ; sans un commerce libre, payant ce qu'il doit et même percevant pour compte de l'État ce qu'on veut bien mettre à sa charge, mais hors d'état de payer sans encaisser. Sus au commerce ! ce qui est le mot d'ordre actuel, suffit pour tout vicier en matière économique et par suite en matière financière.

Ah oui le baron Louis demanderait une bonne politique économique ! Tout ce travail a pour but de la préconiser.

Il faut quelques faits et quelques chiffres pour mieux apprécier.

Dans les 6 premiers mois de son application, l'impôt sur le chiffre d'affaires a donné en moyenne 157 millions par mois. Il n'a donné que 146 millions pour chacun des quatre mois de mai, juin, juillet et août ; cela marque une diminution de 11 millions provenant, je le veux bien, d'une réduction dans les valeurs, mais une réduction dans les valeurs doit se compenser par une augmentation dans les quantités, sans quoi il y a crise et le fait de la crise chez nous se constate par la comparaison de nos affaires avec le mouvement économique belge.

En même temps qu'a paru le relevé des importations et des exportations françaises pendant le 1ᵉʳ semestre de 1921, a paru le même état pour la Belgique ; comparons, en nous tenant pour faciliter la comparaison aux millions de tonnes et aux milliards de francs, accompagnés de la première décimale.

Pour la France : en 1920, importations : 22 millions 1 de tonnes et 26 milliards 1 de francs.

Pour la Belgique : 1920, importations : 5 millions 9 de tonnes valant 6 milliards 6 de francs.

En 1921 : France : 16 millions de tonnes et 10 milliards comme valeur.

Belgique : 8 millions 3 de tonnes valant 5 milliards de francs.

Exportations : 1920, France 5 millions 5 de tonnes valant 12 milliards 2 de francs.

Belgique : tonnes 4 millions 7 valant francs 4 milliards 1.

1921, France : tonnes 7 millions 3 valant francs 10 milliards 7.

Belgique : tonnes 8 millions 5 valant francs 3 milliards 7.

Laissons de côté les folies d'importation française de 1920 et les valeurs, dont les fluctuations n'ont pas en ce qui nous concerne d'effet probant, et comparons :

La petite Belgique avec 7 millions 500 mille habitants a importé :

En 1920, tonnes 5 millions 9 valant francs 6 milliards 6 ;

En 1921, tonnes 8 millions 3 valant francs 5 milliards (progression dans les quantités 40 pour 100)

Et a exporté :

En 1920, tonnes 4 millions 7 valant francs 4 milliards 1 ;

En 1921, tonnes 8 millions 5 valant francs 3 milliards 7 (progression dans les quantités 82 pour 100).

Par tête d'habitant, son mouvement de 1921 est à l'importation de 1 tonne 266, à l'exportation de 1 tonne 191 et par tête d'habitant notre mouvement a été en 1921 à l'importation de o tonne 401 et à l'exportation de o tonne 183.

Autrement dit chaque Belge ayant importé en moyenne 1 tonne 266 et exporté 1 tonne 191 n'a gardé pour lui que o tonne 075. Soit le quinzième de son importation. Chaque Français a importé o tonne 401, soit le tiers de ce qu'importait le Belge et a exporté o tonne 183, soit environ 16 pour 100 de ce qu'exportait le Belge et a gardé pour lui o tonne 218, soit plus de la moitié de son importation. Ceci n'est exact que par la comparaison, mais les quantités manipulées par tête d'habitant et la comparaison des exportations aux importations sont hélas très probantes !

On ne vit pas isolé dans le monde. Si, de deux voisins, l'un marche doucement et l'autre vite, le résultat est, pour le premier, un véritable recul. La Belgique nous est éminemment comparable en perturbations dues à la guerre. Elle est partie d'un change déprécié, elle l'a sensiblement amélioré. Concluons, par ce que fait la Belgique, de ce que nous pourrions faire ; et mettons-nous bien dans la tête que la solution des questions financières dépend de l'état prospère économique qu'engendrent la sécurité, la stabilité et le travail.

CHAPITRE XI

NOTRE SYSTÈME D'IMPÔTS

On a dit, et avec raison, que le Français était le contribuable idéal. De mois en mois, depuis des temps immémoriaux, le rendement des contributions essentielles progressait, donnant l'image de l'augmentation, sage, prudente de la Fortune publique, dans notre pays, où ce n'est pas la spéculation, mais bien l'épargne et spécialement la petite épargne, qui assure le développement du patrimoine français. Il est probable que le système fiscal alors dominant était adéquat au tempérament français, puisqu'il gênait si peu les mouvements économiques de notre pays ; pourtant il n'était erreur et iniquité dont on ne l'accusât.

Il est très vrai que certains impôts étaient peu défendables, en théorie, et abstraction faite des avantages pratiques des signes extérieurs, par exemple l'impôt des portes et fenêtres, qu'on appelait l'impôt sur la lumière et sur l'air, si utiles à l'hygiène ; mais comme ces vieilles contributions ont changé d'aspect depuis qu'on leur en a substitué de nouvelles et combien les critiques paraissent superficielles! Impôt sur l'air et la lumière! mais qui, en construisant, pensait à ménager les ouvertures, à cause de l'impôt? N'est-ce pas sous ce régime que la construction en fer et vitres s'est substituée pour les grands magasins aux épaisses murailles de jadis? Depuis qu'on a substitué des impôts cédulaires à l'impôt des portes et fenêtres et tout bouleversé à l'avenant, on ne construit plus du tout. Voilà un beau progrès !

Quelle facilité pour le contrôleur et le contribuable, que de se baser sur un signe extérieur immuable, ne donnant lieu à aucune contestation.

Un autre grand cheval de bataille des réformateurs était que l'impôt, mal réparti, n'était pas payé par le riche dans la proportion de ses facultés ; comme si l'homme riche ne payait pas l'impôt des pauvres en augmentation d'appointements, en gratifications, en salaires donnés en nature : logement, nourriture, etc...

Notre édifice fiscal avait besoin de retouches, c'est évident ; mais, après la déclaration de guerre, il apparaissait à tous les yeux que les nécessités de grosses rentrées fiscales immédiates et certaines devaient inspirer ces retouches et devaient arrêter les autres projets de modification ; car ce n'est pas au gué qu'on change de cheval. D'ailleurs si l'on se livre en pareille matière à des expériences, elles doivent offrir, en compensation du trouble qu'elles apportent fatalement pendant la période d'essai, une valeur probante qui manque, si les circonstances sont telles que le résultat puisse en être vicié. Enfin, pendant les hostilités, la situation était trop grave ; l'argent, nerf de la guerre, était trop nécessaire à faire rentrer, pour qu'on lançât le pays, à ce moment, dans des aventures fiscales.

On l'a fait cependant et ce sera la honte éternelle des modérés, alors dépositaires du pouvoir, qui ont accepté, par recherche de la popularité et de ses avantages ou pour éviter un effort, c'est-à-dire par pure *cratolatrie,* ce qu'ils savaient être néfaste.

Les socialistes et les radicaux ont joué leur jeu, en insistant pour qu'on acceptât leur conception, à un moment où la faiblesse des gouvernants leur permettait d'obtenir satisfaction. Il faut croire qu'ils étaient sincères et qu'ils croyaient vraiment l'instrument fiscal préconisé par eux susceptible de fonctionner et de fonctionner de façon satisfaisante.

Mais, aujourd'hui, il ne s'agit plus d'opinions. Le système dont l'impôt cédulaire était à cette époque la manifestation essentielle a été adopté, cinq exercices fiscaux se sont écoulés, il ne s'agit plus de doctrines, de projets, qu'on pare de tous les mérites, il s'agit de faits, il s'agit des résultats d'une combinaison expérimentée avec toute l'ampleur désirable.

Apprécions sans parti pris ces résultats :

On voulait, par réaction, atteindre la richesse et dégrever le pauvre. L'a-t-on fait? On a atteint certaines catégories de richesse, parce qu'elles sont numériquement peu importantes, mais pas du tout les diverses catégories de favorisés de la fortune. La comparaison des rentrées de l'enregistrement depuis 1917, avec le rendement de l'impôt cédulaire sur les bénéfices agricoles, en fournit une preuve éclatante. L'agriculture a eu beau s'enrichir, ce qui est attesté par les changements de mains, assurant des rentrées à l'enregistrement, ses versements ne s'en sont pas ressentis dans une proportion tant soit peu marquante.

Enregistrement :

1917.	. . . .	719 millions	6
1918.	. . . .	923 —	8
1919.	. . . .	1 874 —	2
1920.	. . . .	2 718 —	

Impôt cédulaire sur les bénéfices agricoles :

1917.	. . . .	2 millions	057
1918.	. . . .	2 —	146
1919.	. . . .	2 —	500
1920.	. . . .	2 —	663.

La fortune est-elle atteinte avec la progressivité dont on a fait un dogme?

L'impôt des traitements et salaires a entraîné, pour les patrons, l'odieuse obligation de déclarer, au commencement de l'année, les salaires

ARTAUD. 7

payés par eux au cours de l'exercice précédent, avec indication des noms et des sommes.

Exige-t-on des ouvriers les sommes qui leur incombent d'après ces déclarations ? Ne les exige-t-on pas des employés, des fonctionnaires ? Est-ce équitable ? Est-ce le moyen d'assurer des rentrées ?

La tolérance à l'égard des ouvriers et quels que soient leurs gains annuels produit des effets monstrueux et inévitables. Un ouvrier étranger, travaillant dans une usine avec d'autres ouvriers français, s'enquiert, quand il reçoit sa feuille de contribution, de ce que font ses collègues français et, lorsqu'il apprend que ceux-ci n'ont d'autre peine que de porter leur feuille à la Bourse du travail, l'ouvrier étranger en fait autant ; de sorte qu'il ne prend aucune part aux charges d'un pays auquel il est venu demander l'hospitalité et où sa présence peut, pour les ouvriers français, être une cause de chômage.

Existe-t-il un rapport quelconque entre les diverses proportions numériques des professions et les rentrées, cédule par cédule ?

Deux millions de commerçants doivent payer en 1922, d'après le budget, 13 milliards. Onze millions d'agriculteurs sont appelés, par le même budget de 1922, à verser au fisc quinze millions pour l'impôt cédulaire des bénéfices agricoles. Le commerçant paiera 6 500 francs par tête, l'agriculteur un franc 363 millimes ! Pour le commerçant, l'évasion fiscale est une aventure qu'il ne peut tenter que pour certains détails et s'il opère sur de faibles quantités ; pour l'agriculture l'évasion se pratique sur une grande échelle, paie qui veut !

Elle est jolie l'équité fiscale obtenue par la substitution des impôts cédulaires aux impôts anciens, basés sur les signes extérieurs !

*
* *

Les signes extérieurs, facilement contrôlables, ont été remplacés par une déclaration qu'on exige de ses adversaires et qu'on ne demande pas à ses amis. *Cratolatrie* voilà bien de tes coups !

Si l'on nous dit que les rentrées sont considérables et dès lors justifient les impôts votés, nous répondrons qu'elles ne peuvent pas être inférieures à ce qu'elles sont et qu'elles sont payées par un contribuable tenu sous le knout : le commerçant, et par l'augmentation due à la surélévation des valeurs ; mais que, si on examine séparément la progression des rentrées des contributions commerciales de

1920..	9 056 millions
1921..	12 782 —
1922..	13 000 — (évalués).

celles des droits de douane :

1917..	1 670 321
1918..	1 213 813
1919..	1 742 613
1920..	1 802 887
1921..	2 344 385 (évalués).

et celles de l'enregistrement :

1917..	719 millions 6
1918..	923 — 8
1919..	1 874 — 2
1920..	2 718 —

on se rend compte qu'il faut que sur les autres chapitres il y ait régression.

Or comment s'est comporté, dans l'intervalle, ce qui reste des quatre vieilles? Le rendement de la portion maintenue des départements et des communes a suivi la progression suivante :

1917..	144 millions 7
1918..	179 —
1919..	211 —

Les garanties de progression étaient certaines.

Il est donc acquis que l'impôt cédulaire n'a atteint que pour le commerce son but de rentrées générales importantes, qu'il n'a pas assuré l'égalité fiscale proportionnée aux ressources et qu'il constitue pour la main-d'œuvre et l'agriculture un impôt volontaire que paie seulement le contribuable patriote qui apporte lui-même ses deniers. On continue cependant à vitupérer le commerçant.

Il est curieux que notre système dirige ses foudres contre le contribuable de bonne volonté, et laisse absolument indemne le tireur au flanc !

Celui-ci fait ce qu'il veut par suite de l'impossibilité où est le fisc d'assurer le contrôle des déclarations, autrement que quand il s'agit d'atteindre quelques adversaires politiques.

*
* *

Le système de la déclaration, inhérente à la *personnalité* de l'impôt, met tout d'abord les perceptions en retard de quinze mois. On peut être fixé le 2 janvier 1917 sur le nombre d'ouvertures d'un immeuble quelconque et émettre le rôle d'imposition dans le même mois. Il faut attendre le 31 mars 1918 pour que le contribuable ait fait le compte de ses revenus de 1917 et sa déclaration.

A ce moment, il y a les déclarations qui rentrent et les déclarations qui ne rentrent pas.

Tous ceux qui ont fait leur déclaration aux dates fixées par la loi, et qui reçoivent leurs feuilles de contribution avec des retards de 1 à 2 ans, savent que, lorsque les situations de fin de mois insérées à l'*Officiel* portent « rôles émis en 1921, ou en 1920, au titre des exercices 1916, 1917, 1918, 1919 et 1920 » cela signifie simplement, qu'en deux ou trois années, on a atteint quelques contribuables de plus, par suite de l'avancement du travail et des délais normaux qu'il exige, aussi par suite de délations ou par un contrôle arbitrairement dirigé ; mais pas du tout qu'on a obtenu des déclarations de gens qui n'en avaient pas faites et que les déclarations faites doivent passer, pendant des mois et des mois et même pendant des années, au crible d'un contrôle minutieux pour quelques-unes, inexistant pour d'autres, avant de se transformer en rôles d'imposition.

Alors il est acquis, qu'au début de l'année, il y a les déclarations qui rentrent et celles qui ne rentrent pas. La proportion varie, mais d'après ce qu'on voit, département par département, il ne doit pas rentrer en moyenne et pour tout le pays plus *du quart* des déclarations prescrites. Pour les revenus agricoles, je crois qu'on dirait beaucoup en évaluant les déclarations faites au 10 pour 100 du total de celles qu'impose la loi. La Charente, département très riche, compte trois agriculteurs seulement inscrits au rôle de l'impôt sur les bénéfices agricoles pour une somme de 37 fr. 16 centimes et les agriculteurs constituent numériquement plus de la moitié du collège fiscal. Pour les revenus urbains, la proportion des déclarations peut atteindre 50 pour 100 et la moyenne, pour le pays, de 25 pour 100 de déclarants est large.

Il y a donc à la base de notre système fiscal, tel qu'il est pratiqué, une perte par manque de déclarations qu'on peut évaluer aux trois quarts de l'impôt cédulaire.

Le quart restant a donné lieu à des déclarations et nous avons vu comment on en poursuit le recouvrement, avec quelle perte d'intérêts et quelle proportion de non-valeurs due aux retards.

Si un quart seulement des déclarations faites occupe le contrôle d'un telle façon qu'on en est encore à vérifier les déclarations relatives aux exercices 1916, 1917 et 1918, qu'en serait-il si la totalité des déclarations s'était produite? C'est par une dizaine d'années sans doute qu'on commencerait, pour en arriver bientôt à un siècle de retard, avec ce système, qui ne tient aucun compte des nécessités pratiques, plus impérieuses encore en matière fiscale qu'en tout autre sujet.

#

* *

Mais même si le but visé était atteint, si la richesse était frappée dans toute ses manifestations, le système assurant ce résultat serait-il bon ?

Il faut vraiment avoir une cervelle de primaire pour se figurer que le riche paie en définitive et ne paie en définitive, comme contribution aux charges de l'État, que l'impôt.

L'impôt retombe toujours sur le consommateur et il est impossible à un homme opulent de jouir de sa fortune sans subir une très forte charge du fait de ce que l'impôt incorpore au prix de toute chose[1].

Inversement l'homme riche n'a qu'à se priver

1. Voir pour le développement de cette vérité, annexe II, extrait du discours de réception de l'auteur à l'Académie de Marseille, 9 février 1919.

pour rattraper sur 'sa consommation réduite ce que lui prend le fisc, et ce fait, qui est désastreux pour le monde du travail, se généralise tous les jours.

Il se produit même involontairement et fatalement pour l'homme riche, qui ne peut dépenser ce que lui prend le fisc.

C'est encore une conception de primaire que la limitation des revenus de quelqu'un. Vous prenez le 5o pour 100 de ses revenus à un homme dont les recettes globales ont atteint une année cinq cent cinquante mille francs et vous croyez qu'il ne récupérera pas cela l'année suivante en augmentations de loyer pour lesquels il est bailleur, en augmentation de l'intérêt de son argent et en augmentation du taux de rémunération de ses services, s'il travaille?

Ce serait une bien pauvre élite, qu'une élite qui subirait, sans essai de reprise, tous les retranchements qu'il plairait au législateur de lui faire subir. Mais mettez-vous donc dans la tête, législateur d'un jour, que le corps social n'abandonne à ses chefs, à ses capitaines que ce que ceux-ci *gagnent* vraiment, que ce qu'ils méritent ; et que d'autre part les services rendus par cette élite au corps social sont tels que le corps social *ne peut pas se dispenser de les payer ce qu'ils valent.* Tout le monde peut faire un parlementaire, mais les vrais chefs d'industrie sont irremplaçables dans leurs fonctions. Leur rémunération s'élèvera donc de tout ce qu'il vous plaît de leur retrancher, s'il leur plaît à eux de l'exiger, et ils ne peuvent pas faire autrement, car les charges sont toujours en proportion des rentrées.

Ce qu'il y a de plus curieux, c'est que rien ne favorise plus la prospérité générale et la formation de nombreuses fortunes moyennes que l'ordre et la stabilité fiscale et rien ne permet la constitution de grosses fortunes exceptionnelles, comme un ordre fiscal tourmenté déclarant la guerre aux fortunes.

L'impôt sur le revenu et sa progressivité ont déclaré la guerre aux fortunes dépassant la moyenne, mais heureusement cela n'a pas plus réussi que l'agression des Boches ; car c'est sur l'inégalité des fortunes qu'est basée la solidarité du corps social. Quand vous opprimez un riche, c'est surtout le pauvre qui souffre. Le riche ne se restreindra jamais, par suite des atteintes du fisc, autant que sera obligé de se restreindre le pauvre à qui le riche ne peut plus rien acheter du tout par suite de ce que lui enlève le fisc[1].

1. « Il peut être très égalitaire de faire porter un pardessus râpé à un gros rentier, mais ce n'est pas réjouissant pour le tailleur, pas davantage pour le tisseur, et pas plus pour l'importateur de laine, lesquels n'acquitteront jamais les impôts à la perception desquels les transformations de la matière première aboutissant à ce pardessus de plus auraient donné lieu. C'est sur la richesse en mouvement, lorsque la dépense féconde pour le travail s'effectue, qu'il faut faire des perceptions et non arrêter les consommations en prenant brutalement pour le fisc ce qui servait

*
* *

A chaque cédule de l'impôt nous verrons mieux les erreurs du système, mais il en est une qui s'applique à la notion même de l'impôt sur le revenu.

Il base le paiement des dépenses publiques sur la perception d'une partie des bénéfices de la nation et si ces bénéfices cessaient, avec quoi paierait-on ?

Quand ses enfants se sont fait casser bras et jambes à son service, la France ne leur a pas dit : je suis intéressée dans les bénéfices d'une affaire aléatoire et je vous passerai une partie de ces bénéfices aléatoires, mais je vous donnerai *tant* tous les mois et c'était justice, car le mutilé avait besoin de manger tous les jours ; et la France n'avait pas le droit, à un moment où de telles obligations financières s'imposaient à elle, de troquer les rentrées spécifiques que lui assuraient ses anciennes institutions fiscales contre des combinaisons chimériques à rendement peut-être déficitaire.

Le « peut-être » qui précède et qui a sa raison d'intervenir à titre d'éventualité théorique dans un raisonnement se change en *certainement* si

à les alimenter ». — *Avis de la Commission du Commerce et de l'Industrie de la Chambre des Députés n° 2662*, annexé au procès-verbal de la séance du 24 mai 1921.

nous pénétrons sur le terrain des faits. Le commerce, à qui l'État demande les deux tiers de ses perceptions, traverse une crise profonde et dans l'ensemble ne gagnera presque rien cette année.

Quels trous cela prépare dans le budget ! Décidément il valait mieux n'avoir qu'à compter les ouvertures d'une façade. C'était plus rapide et plus certain !

Une année où la participation aux bénéfices ne donnait rien, par suite d'un exercice déficitaire, aux employés à qui elle avait assuré de larges rentrées les années précédentes, un de ceux-ci dit très crûment à son patron : « A raison de mes encaissements de ces dernières années, j'ai considéré que je pouvais avoir un enfant de plus. Que faut-il que j'en fasse maintenant? Je n'ai pas les moyens de me passer de bénéfices. Il faut me remplacer en salaires ce que paraissait devoir me donner la participation. »

Ce raisonnement, qui fait justice de la chimère de la participation-panacée aux bénéfices était très juste. On ne peut vivre sur des bénéfices que très exceptionnellement. La France est dans ce cas, elle ne peut pas vivre sur une participation aux bénéfices : c'est cependant à cela qu'on a réduit son revenu.

CHAPITRE XII

LE COMMERCE SACRIFIÉ

On sous-estime considérablement la valeur du commerce et c'est ce qui, par ce temps de cratolatrie, lui fait subir des brimades qu'on se garderait bien d'infliger à des gens qui se présenteraient en nombre, ou qui feraient sentir leur influence.

Le commerce n'exige aucun diplôme de ceux qu'il accueille dans ses rangs. En corps, il ne souhaite rien que la liberté. Jamais ne sont présentées par lui des revendications de droits protectionnistes, il laisse cela à l'agriculture et à l'industrie.

Ses orgueilleuses et avides voisines imaginent constamment des revendications nouvelles que les pouvoirs repoussent à regret — quand ils les repoussent — et pour lesquelles, en cas d'échec, on leur offre de larges compensations qu'elles veulent bien accepter, sans s'arrêter dans l'étude et la mise au jour d'exigences supplémentaires.

La situation est inverse pour le commerce qui

ne réclame rien, et contre lequel on a beau jeu de réclamer. Lui aussi a ses compensations, mais elles ne sont pas du même ordre ; quand il évite la potence, on lui fait toujours subir un brin de torture. Ayant craint pour sa tête, il s'estime assez heureux que ses membres seuls soient fracassés.

Ce n'est pas que le commerce manque de revendications à formuler. Il a le droit de vivre, le droit d'être libre, le droit de travailler, le droit de prospérer. Tout cela lui est violemment dénié. Il pourrait obtenir le respect de ces droits en se groupant, mais c'est ce qui lui est le plus difficile. Le commerce n'est pas uni et ne le sera qu'à la veille de sa totale suppression. Le commerce est éminemment et profondément individualiste et chacun de ses membres voit avant tout le concurrent dans le confrère. Grâce à cela l'État peut tout contre le commerce, mais il y a une limite, même à tout, et le commerce pourrait bien, sous les brimades, s'unifier contre ses brimeurs. On verrait alors de quoi il est capable !

Les qualités du commerçant consistent à placer une marchandise qu'il ne produit ni ne consomme. Pour cela il lui faut se concilier les bonnes grâces d'une clientèle dont les goûts varient constamment, qui ne peut pas toujours payer comptant ce qu'elle achète et il joue le rôle de conseiller de la production vis-à-vis de l'industrie et de l'agriculture et souvent de banquier des producteurs et aussi des consommateurs.

C'est un rôle terriblement difficile exigeant de la clairvoyance, de la souplesse, de la diplomatie, de la fermeté et aussi de la prudence.

Lorsque le commerce mettra ces qualités au service d'une cause commune, ses contempteurs ne feront pas long feu.

*

D'ailleurs il peut se prévaloir de ces qualités sans groupement et s'en servir d'une façon opposée tout aussi efficace. L'État, en mettant à la charge du commerce tous les impôts, en lui faisant subir toutes les tracasseries, rend les professions commerciales impossibles à exercer. La conséquence est que s'éliminent d'eux-mêmes les commerçants les moins bien doués et que restent les autres, peu à peu allégés de toute concurrence.

Ah ! on peut bien avec l'article 419, avec la hausse illicite, avec le délit d'accaparement et l'obligation d'affichage des prix d'une marchandise qui ne séjourne pas plus d'une heure dans un magasin, tracasser, ruiner et déshonorer quelques malheureux commerçants plus honnêtes que ceux qui les défèrent à la justice par pure cratolatrie et plus honnêtes que les juges qui, étouffant les cris de leur conscience de juristes, appliquent de lourdes pénalités à la répression de délits non définis ; on peut ainsi éclaircir les rangs du commerce comme on a éclairci autrefois les rangs des chrétiens par les persécutions, mais ce qui n'est pas au pouvoir de leurs persécuteurs, c'est de les empêcher, en définitive, de triompher.

La consommation est maîtresse du marché lorsque la concurrence joue pleinement, elle est l'esclave du commerce lorsque l'action des pouvoirs publics éteint les concurrences.

Les commerçants survivant à la persécution seront transformés par les événements en véritables fermiers généraux, garantissant à l'État la rentrée des impôts et naturellement prélevant leur dîme sur ces impôts.

Voilà à quoi mènent les incursions hors du droit commun !

On charge le commerce de tout le poids fiscal que les autres ne veulent pas subir et dont on ne veut pas leur demander d'assumer leur part, on veut que le commerce ne réclame pas du consommateur ce qu'il verse à l'État, on emploie, pour cela toutes les ressources des vieux juristes qui ont inlassablement assisté tous les tyrans : Philippe le Bel, Louis XIV, Robespierre et Napoléon Ier et tout cela a pour effet, par la suppression des concurrences, de livrer pieds et poings liés au commerce le consommateur, qui, en temps normal et par le jeu de la concurrence, fait la loi au commerce.

C'est beau le progrès en matière fiscale !

*
* *

Quelle dose de sorcellerie doit posséder le commerce pour savoir de combien il doit majorer le coût des marchandises qu'il vend en janvier, en février, en mars, en chacun des mois de 1921, pour incorporer au prix de chaque chose ce qui ressortira à sa charge lorsqu'il déclarera, en 1922, ce qu'il aura gagné en 1921 et qui sera essentiellement fonction du diviseur que son chiffre d'affaires, inconnu jusqu'au 31 décembre 1921, aura donné à ses frais généraux ?

Le public comprend-il que cette question, si angoissante pour le commerçant, ne peut avoir aucune réponse ?

Tout commerçant a, le matin, en se levant, un chiffre minimum de frais généraux quotidiens en loyer, patente, employés, etc..., qu'il gagnera ou ne gagnera pas, suivant qu'il vendra dans cette même journée mille, deux mille ou dix mille francs de marchandises, car le prix de vente des marchandises ne peut supporter qu'une proportion maximum de frais généraux. S'il vend deux mille francs par jour il perd, s'il vend dix mille francs par jour il gagne et il vend deux ou dix mille francs par jour suivant les variations de la mode, suivant que la rue où il est établi reste ou non passante, suivant qu'un concurrent s'établit à proximité ou lui laisse le champ libre. Comment dans ces conditions, savoir le bénéfice à exiger, le bénéfice dit normal ! Si le deuxième semestre doit être déficitaire il faut que le premier soit exceptionnellement profitable. Comment le commerçant saura-t-il au cours du premier semestre ce qu'il en sera du second, et s'il attend, ce sera trop tard.

En outre, de combien doit-il majorer le coût des marchandises pour ne pas perdre sur les droits dont il restera le collecteur responsable ? Comment calculera-t-il les rétroactivités, les progressions, les incidences des droits spécifiques, des droits proportionnels, des droits à forfait, des centimes additionnels, etc. ?

Il faut cependant, pour déférer à l'obligation de l'affichage des prix, qu'il calcule ou apprécie cela, en quelques minutes, s'il s'agit de denrées périssables.

Il faut qu'il s'enrichisse en calculant large ou se ruine en ne tenant pas compte de tout. Ceux qui ne tiennent pas compte de tout disparaissent, il reste forcément les autres.

Ah ! on voit bien que nos gouvernants, législateurs, administrateurs n'ont jamais été aux prises avec le consommateur, sans quoi ils ne le désarmeraient pas sous prétexte de le protéger. Le consommateur, s'il peut mettre en concurrence plusieurs vendeurs, est maître ; son pouvoir tombe dès qu'il est en présence de monopoles et c'est ce que l'État, féru de monopoles pour son propre compte, prépare à son insu pour le commerce qui ne le demande pas, au détriment du consommateur qu'il veut protéger.

L'État n'a qu'un moyen de rendre service en matière économique, c'est de se suicider. S'il consent à ce qu'on lui coupe les jambes, les bras et la tête, il ne nuira pas à ceux qu'il veut protéger. Sans cela il blesse mortellement les malheureux à l'aide desquels il court à sa façon... dans un fauteuil.

*
*   *

Si nous parcourons le budget, nous trouvons treize bons milliards à la charge du commerce et qu'il doit percevoir à forfait pour le compte de l'État. C'est à peu près la douzième partie du chiffre global des transactions, tel qu'il ressort des perceptions actuelles de l'impôt sur le chiffre d'affaires qui, à raison de 146 à 147 millions par mois, porte sur 13 milliards 2 à 13 milliards 3 [1]. Donc, pour récupérer ses charges, le commerce devrait à chaque transaction, à chaque vente, percevoir à peu près 8,33 pour 100 pour les seuls impôts. On calcule qu'il faut de quatre à cinq changements de mains pour arriver au consommateur, c'est donc une surcharge de 33 à 41

---

1. Mai à août 1921 ; septembre a donné un peu plus, 157 millions, mais cela ne change pas le raisonnement.

pour 100 dont sera grevée la marchandise lorsqu'elle parviendra au consommateur ; et si cette énorme surcharge réduit le nombre de changements de mains, comme c'est une simple répartition dont le total ne change pas, il faudra en augmenter le taux de sorte que l'incidence définitive mortelle restera la même.

Si cette incidence est mortelle pour le commerce intérieur, qu'en sera-t-il pour l'exportation ?

Le commerce qui ne demande aucun droit de douane, qui, lorsqu'il s'agit de ventes à l'étranger, trouve déjà tous les obstacles de rétorsion, a la charge d'offrir au dehors des produits majorés de 25 à 33 pour 100 rien que pour acquitter les charges fiscales du pays où ils ne seront pas consommés ; et sans tenir compte de ses propres frais, à lui commerce, qui ne peut pas exister sans avoir des frais.

Toute affaire d'exportation faite dans ces conditions est un miracle.

Ces charges sont écrasantes par leur énormité ; cependant, pour apprécier la vitalité du commerce qui les subit en perdant du terrain chaque jour, mais en continuant la course tant qu'il a des forces, il faut signaler les tracasseries inhérentes à de telles et si minutieuses perceptions et l'inquisition fiscale qu'elles entraînent forcément.

Pour qui sait les partages occultes et nécessaires de commissions, les combinaisons de ristourne, sans lesquelles les opérations commerciales ne se feraient pas, son existence, malgré cette inquisition, est un insoluble problème.

Il faut voir le cœur léger avec lequel les adversaires du commerce, ceux qui veulent s'éviter à eux-mêmes les charges qu'il subit et aussi quelquefois ses amis, aveuglés par un détail, apprécient les obligations de tenue de livres spéciaux de déclarations à faire, de risques d'amendes à la moindre erreur.

— Mais de quoi vous plaignez-vous ? Ces impôts les payez-vous de votre poche ? ou les récupérez-vous ? Et en pareil cas vous n'avez aucun juste motif de plainte.

— Inquisition fiscale ! intervention de l'Etat dans vos transactions ! livres à tenir ! mais c'est une obligation commerciale de tenir des livres ; le code de commerce vous l'a toujours imposée. Les interventions de l'État, supprimant tout ce qui est occulte, moralisent vos opérations ! C'est tant mieux pour la clarté et la justice.

— Soit ! je le veux bien, mais alors pourquoi ces objections valent-elles pour l'agriculture ?

Le code de commerce impose au commerçant de tenir ses livres, pourquoi le code fiscal n'imposerait-il pas à l'agriculture de tenir ce simple calepin, ce cahier de deux sous, aux pages numérotées par l'intéressé, dont on fait valoir la

modicité au commerce pour la tenue du livre
de perception de l'impôt sur le chiffre d'affaires ?

Qui veut mettre à la charge unique de l'agriculture des impôts ? Qui veut empêcher l'agriculteur de comprendre ces impôts dans ses charges
et de les récupérer dans le prix de vente de sa production ?

Il n'y a pas d'autre argument pour s'y opposer
que celui-ci : je suis autrement puissant que vous
auprès du Parlement qui décide et où j'ai quatre
cents amis sur six cents, que voulez-vous que me
fassent le bon droit et l'équité, je m'asseois dessus !

« Selon que vous serez puissant ou misérable,

« Les jugements de cour vous rendront blanc
ou noir ».

Il est tout de même pénible de constater que
nous n'avons fait aucun chemin depuis deux cent
cinquante ans dans la voie de la sauvegarde des
droits de l'équité et il est surtout pénible de le
constater, au lendemain d'une guerre où la France
a sacrifié un million et demi de ses enfants pour
faire triompher le droit ! Ce triomphe, à l'extérieur, du droit, ne pourrait-il pas un peu se mani-
fester chez nous ? dans notre vie de tous les jours ?

CHAPITRE XIII

IMPÔT GLOBAL ET PROGRESSIF
SUR LE REVENU

Il a été tellement écrit sur ce sujet que, dans cette étude où je me soucie surtout de signaler des aperçus nouveaux, je n'aurai pas grand chose à dire à propos de l'impôt global et progressif sur le revenu ; on serait étonné cependant qu'il ne figurât pas dans un travail sur la question financière et surtout sur la folle cratolatrie, génératrice de notre situation.

C'est parce que 528971 Français seulement paraissaient devoir être soumis à l'impôt général sur le revenu et parce que sur ce nombre 10000 contribuables au plus étaient vraiment atteints par la progressivité, qu'on s'en est donné à cœur joie de ce côté.

Les cris de 10000 personnes sont étouffés par la rumeur de 39 millions de Français, comme les plaintes du patient sont dominées par l'orchestre du dentiste forain qui arrache, au hasard, à celui qui monte sur son tréteau, une molaire saine ou une dent malade.

Et puis il y a la mentalité primaire des dirigeants. Les fortunes doivent tout payer! mais s'il s'agit de chiffres représentant dix fois les fortunes? Et si les fortunes fondent à la liquidation et s'il n'en reste rien, comme du milliard des congrégations? Ah ça, c'est du domaine de l'étude, du travail, ne demandez pas cela aux cratolâtres habitués à admettre sans discussion ce que, sous la poussée d'une longue suggestion, réclame avec ardeur l'opinion publique.

Quel mauvais tour a joué la guerre aux fauteurs de l'impôt global et progressif sur le revenu! Elle leur a permis de réaliser leur turlutaine, mais en même temps, par un décalement des valeurs, elle a soumis tout le monde ou à peu près à cet impôt *imaginé pour tout faire payer à quelques-uns.* Ma foi, on s'est débrouillé et quelques gros millions de contribuables échappent tout de même à cet impôt. En matière fiscale aussi existe la république des camarades!

Et alors on voit ressortir des statistiques officielles que le montant total des revenus servant de base à l'imposition s'élève à 11 milliards 204 millions. Comment fait la France pour payer annuellement 25 milliards d'impôt et s'acheter en plus quelques châteaux coloniaux sur ses économies, si elle ne dispose que de 11 milliards 204 millions de revenu annuel?

*
* *

Toujours très préoccupé de la question commerciale, je montrerai un inconvénient de l'impôt global et progressif sur le revenu pour les entreprises privées.

Une maison de commerce appartenant à une seule personne ou à une société en nom collectif gagne, une année, le quintuple de ce qu'elle gagne en temps ordinaire; disons: 600 000 francs, au lieu de 120 000. Si ce bénéfice était réalisé par une société anonyme, on admettrait que la partie exceptionnelle du bénéfice soit portée à la réserve, car dans l'ensemble les exercices produisent des résultats égaux et, à une année très prospère, doit normalement correspondre, dans un temps donné, une période déficitaire pour laquelle il faut se préparer. En pareil cas on louerait la prévoyance de la société et on aurait raison.

Mais de ce que l'entreprise est gérée par une ou plusieurs personnes, au lieu d'être gérée par un conseil d'administration, s'ensuit-il que des vaches maigres ne doivent pas fatalement succéder aux vaches grasses? Est-il moins nécessaire de créer des réserves, en vue des mauvais jours?

Cette considération d'équité n'existe pas pour l'impôt global et progressif sur le revenu, qui est un impôt personnel. Vous êtes une personne, vous avez gagné plus de 550 000 francs, vous en devez le 50 pour 100 à l'État qui ne vous rendra rien le jour où vous perdrez.

Vous êtes société anonyme, vous êtes admis à mettre de côté ce que vous ne distribuez pas en bénéfice à vos actionnaires qui tombent seuls sous le coup de l'impôt global et progressif.

Il est heureux que la société anonyme puisse être prévoyante, il est inéquitable et très dangereux que l'exploitation personnelle ne bénéficie pas de la même faculté.

La forme de la société anonyme jouit de faveurs sous notre régime fiscal, parce que la publicité de ses bilans permet toutes les inquisitions ; mais se figure-t-on que la France gagnerait beaucoup à ce que toutes les exploitations industrielles et commerciales se fissent par le moyen de sociétés anonymes.

La société anonyme est la combinaison qui convient pour des affaires importantes, exigeant des capitaux dépassant ce qu'une personne est disposée à risquer de sa fortune ; elle est la forme d'activité des gens arrivés, qui ne se soucient pas de courir des risques et d'assumer des responsabilités illimitées ; elle permet des gestions qui ne se feraient pas sous la forme personnelle ; mais, lorsqu'il s'agit d'affaires se prêtant aussi bien à l'exploitation par société anonyme que par une ou plusieurs personnes, il n'y a aucun doute que la gestion personnelle est très supérieure à la gestion collective au point de vue des résultats à obtenir.

Nos combinaisons fiscales, en favorisant la société anonyme au détriment de la gestion personnelle, donnent un faux coup de barre économique et nuisent en définitive au développement du pays qui a surtout besoin d'initiative.

Heureusement que la gestion personnelle permet, malgré toutes les inquisitions, de dérober au fisc une partie de ce qu'il veut prendre en raison d'un droit écrit arbitraire et en contradiction avec le droit naturel, mais il est franchement pénible qu'on soit obligé de se réfugier dans la fraude si l'on veut remédier aux folies usurpatrices du fisc. Dans ce cas, la fraude est la sauvegarde inconsciente et insuffisamment efficace du véritable intérêt du pays.

CHAPITRE XIV

CONTRIBUTION EXTRAORDINAIRE
SUR LES BÉNÉFICES DE GUERRE

Ce qui s'est passé, à propos de cette contribution est peut-être la manifestation la plus accen-
tuée de l'esprit cratolatrique en France au cours
de la guerre.

Le principe était très admissible. En période de
guerre, les marchandises haussent par le fait
même des hostilités, et il est acceptable que la
portion des bénéfices due à ce mouvement indépendant de l'industriel ou du commerçant soit
acquise à l'État.

Mais cette proposition a deux corollaires. Il
s'agit de fixer le taux de cette augmentation de
bénéfices sur laquelle l'État a des droits, et il découle du principe même de la loi que, lors du
rétablissement de la paix, un dénivellement des
cours, en sens contraire de celui dû à la guerre,
se produisant, dénivellement contre lequel le
commerçant ne peut rien, l'État devra subir la

perte de ce dénivellement à la baisse comme il a profité du bénéfice dû à la hausse.

C'est ainsi qu'on a compris la loi en Angleterre et le trésor britannique rembourse, en ce moment même, des sommes si considérables de ce chef, qu'on se demande si, en définitive, l'*excess profit duty* se soldera, pour le fisc anglais, par un bénéfice ou par une perte.

Des sociétés très importantes ont fait figurer, à la fin de l'année, dans leur bilan leurs créances de ce chef sur l'État et, tous les jours, des versements sont faits par le trésor britannique, avec la rapidité que nos voisins apportent aussi bien dans les paiements que dans les encaissements de l'État.

En France, où l'on ne peut pas admettre le *rôle social* de la richesse, on a vu là une occasion de taquiner les favorisés de la fortune et on s'en est donné tant qu'on a pu.

Il faut que je cite un exemple, pour montrer comment en temps de guerre on peut gagner de l'argent sans nuire à son pays et même en lui rendant des services signalés; comment une entreprise particulière peut ne rien demander à la nation et mettre au contraire à son service toutes les ressources de l'expérience, de la hardiesse et du travail.

Un armateur marseillais avait coutume de dire : « Ma compagnie possède onze vapeurs, l'État au cours de la guerre m'en a réquisitionné douze. »

C'était l'exacte vérité et le douzième était un vapeur affrété. Cet armateur avait, dès le début de la guerre, aperçu l'intérêt qu'il y avait à emprunter un certain nombre d'unités navales aux marines étrangères et à les utiliser pour nos transports. Il avait donc affrété un certain nombre de vapeurs anglais pour remplacer les réquisitions qu'il subissait et aussi pour faire face à l'augmentation d'intensité des transports, et il les avait affrétés à des taux de location qui effrayaient sa famille, ses amis et jusqu'aux courtiers maritimes qui préparaient les Chartes-parties. Pourtant cet armateur avait vu juste et son exemple a été suivi par tous ses confrères, l'État seul n'ayant jamais rien compris à cette opération, ou la trouvant trop risquée pour lui. Si l'on pense que les transports d'arachides de la côte d'Afrique en France sont passés au cours de la guerre de vingt francs à sept cents francs, on se rendra compte du champ parcouru par la hausse. Un taux d'affrètement à l'année, si élevé qu'il fût, était promptement dépassé par le cours des frets et ces opérations qui auraient pu le ruiner, en cas de paix rapide, furent éminemment profitables à celui qui les avaient conçues et aussi au pays qui effectuait ainsi, sans navires nationaux, les transports dont il avait besoin.

Les taux de fret montaient à vue d'œil et la location de certains vapeurs, renouvelée d'année en année, avec des augmentations formidables jusqu'au jour où ces vapeurs ont été torpillés, a souvent donné en cours d'affrètement à l'armateur perspicace et hardi, dont je cite le cas, des bénéfices très supérieurs à ceux qu'il aurait retirés de l'achat d'un navire, même négocié à de bonnes conditions.

Analysons l'opération : voilà un armateur à qui l'État prend tout son matériel et qui, en faisant appel à l'armement étranger :

1° Permet à l'État de disposer d'une unité de plus ;

2° Maintient sa ligne de navigation à un moment où il était d'une utilité souveraine de garder toute leur activité aux transports. Ceux dont il s'agit s'effectuaient entre les États-Unis et la France ;

3° Gagne cet argent nerf de la guerre que l'État demandait au pays, périodiquement sous forme d'emprunts, et, constamment, sous forme d'émission de bons de la Défense nationale.

Qui empêchait l'État, qui empêchait le premier particulier venu de faire ce qu'a fait cet armateur et puisqu'il l'a fait, à ses risques et périls, pourquoi ne pas admettre que le gain soit légitime?

On pourrait citer des exemples aussi probants de bénéfices légitimes dans toutes les branches d'activité.

Combien de grandes entreprises ont dû leurs bénéfices énormes au refus catégorique opposé par l'État à leurs offres de baisse de prix de leurs fournitures. L'État refusait, en pareil cas, toute réduction de prix pour ne pas constituer un monopole aux grandes sociétés livrancières (suivant le jargon de l'époque) et pour que ces opérations restassent à la portée des petites sociétés. Les bénéfices résultant de ces refus de l'État sont-ils à reprocher à ceux qui ne demandaient qu'à ne pas les faire ?

Une seule chose frappe les parlementaires, les journalistes, les jurisconsultes appelés à connaître de ces opérations : Les énormes chiffres de bénéfices réalisés ou plutôt groupés car, pour toute personne avisée, les bénéfices définitivement réalisés ne devaient apparaître qu'au surlendemain de la paix, au moment où les crises de tassement auraient définitivement dégagé le bénéfice acquis.

Cette vérité ne pouvait pas se présenter à l'esprit de gens offusqués par un monceau d'or que gagnaient, à leur nez et à leur barbe, des gens qui — à leur opinion — ne les valaient pas et à qui on ne pouvait pas laisser cet argent forcément mal acquis, puisqu'eux n'en gagnaient pas autant.

La vérité est que personne pendant la guerre n'a rendu, d'une façon permanente et définitive au commerce et à l'industrie, l'hommage qu'ils méritaient.

*
* *

Mais cet exposé ne tend pas à condamner le

principe de la loi, il a seulement pour but de montrer combien l'opinion publique se trompait lorsqu'elle condamnait les bénéfices réalisés en temps de guerre et l'injustice des diatribes qu'on a prodiguées à ce moment et qui constituent encore pour le public un thème favori.

Au fond ces attaques et toutes celles qui ont marqué la discussion de la loi sur les bénéfices de guerre ont été une manifestation d'envie à l'égard de ceux qui avaient gagné de l'argent et de dépit de la part de ceux qui n'avaient pas pu ou su en faire autant ; il importait peu au contempteur que le bénéfice ait été légitime ou abusif, l'essentiel était de prendre une revanche sur le nouveau ou l'ancien riche et de se faire, par ces attaques, une facile popularité.

Malheureusement, en France, on n'a jamais une claire notion des questions d'intérêt et la discussion de la loi sur les bénéfices de guerre en porte indélébilement la trace. D'un côté comme de l'autre, on n'a pas su se décider à temps. Le Parlement s'est décidé trop tard. Il a donné à ses lois un effet rétroactif abusif. Il n'a pas tenu compte des droits du travail. D'autre part, le commerce et l'industrie, qui ont cherché à marchander, ont vu le taux des perceptions monter de 35 pour 100 à 5o, 6o, 7o et 8o pour 100. La loi porte la trace de discussions confuses et elle est sortie plus estropiée qu'améliorée des longs débats auxquels elle a donné lieu et des retouches qu'elle a subies. Son application a donné lieu à des anomalies inexplicables.

Celui qui avait gagné de l'argent en 1911, 1912 et 1913 gardait l'équivalent de ses gains moyens de ces trois années, même s'ils étaient énormes ; celui qui avait été malheureux au cours de ces exercices voyait le sort l'accabler. Il n'avait le droit de percevoir aucune rémunération de son travail personnel, de concéder aucune rémunération au travail de sa femme et de ses enfants, d'attribuer aucun loyer à un immeuble affecté à son industrie et il devait se contenter à titre de bénéfice normal d'un intérêt à 6 pour 100 l'an de ses capitaux, intérêt que n'importe quel prêt lui aurait assuré s'il avait renoncé à exercer son commerce. En pareil cas, il aurait eu à titre de prime le bénéfice de son travail personnel, qu'il aurait loué à son profit exclusif, sans rien devoir à l'Etat, et sa famille aurait encaissé de même le bénéfice du travail de sa femme et de ses enfants ; enfin il aurait touché un loyer de son immeuble.

Cette loi d'envie a écrasé les petits, a pénalisé le travail pour ceux qui avaient été malheureux et consolidé le bonheur des heureux. Elle a eu, en outre, pour effet général, d'exagérer la notion des bénéfices qui devaient, pour permettre l'exis tence du commerçant, être cinq fois plus forts qu'ils ne l'eussent été sans cette loi, puisque quatre parts sur le bénéfice définitivement réalisé étaient à verser à l'Etat.

L'indication des anomalies nous mènerait trop loin et n'a plus d'utilité immédiate, puisque cette imposition a cessé d'être en vigueur ; mais il fallait préciser certains de ses caractères inconnus du public, pour donner toute leur valeur aux constatations ressortant de l'étude des situations au 31 juillet et au 31 août 1921 citées plus haut. Il faut savoir, par expérience, combien une maison de commerce a besoin d'avoir l'œil fixé sur les rentrées et les sorties, combien l'acquittement rapide des charges facilite ce travail de pilote conduisant le navire pour se rendre compte du mal fait au commerce par les sommes considérables laissées des années en sa possession et aussi pour apprécier combien lui a nui et lui nuit encore l'incertitude résultant du provisoire des décisions administratives. Il n'y a pas en ce moment un commerçant en France qui puisse se dire que sa comptabilité des 7 dernières années est définitive, qu'il ne devra pas revenir sur des distributions ou des affectations de bénéfices réalisées depuis de longues années, et cela crée pour le commerce un état intolérable dont il est seul à pouvoir analyser les effets fâcheux, mais rendant impossible le travail de pleine ardeur et de pleine confiance qu'exigeraient les nécessités du moment présent. Certainement si le Commerce et l'État font chacun leur examen de conscience, sans préjugé et sans parti pris, le commerce a le droit de dire qu'il a fait vis-à-vis de l'État tout ce qu'il devait et plus qu'il ne devait, et l'Etat a le devoir de confesser qu'il n'a rien fait pour le commerce et même qu'il a constamment méconnu les intentions de ce commerce et les résultats de son action.

*
* *

Une des plus grandes erreurs dans laquelle est, à cet égard, tombé l'Etat est la stipulation résultant de la loi du 25 juin 1920, aux termes de laquelle ce dernier jouit d'un privilège de premier rang sur tous les biens des assujettis à la loi sur les bénéfices de guerre.

On ne se figurerait jamais l'urgence de cette question à voir la nonchalance du gouvernement pour en saisir les Chambres.

Depuis la promulgation de cette loi, personne ne peut plus aliéner ou seulement donner en gage des biens, sans prouver qu'il n'est pas soumis à la loi sur les bénéfices de guerre (et rien n'est plus difficile que de faire la preuve d'un fait négatif) ou s'il est astreint à la loi sur les bénéfices de guerre, sans prouver qu'il a satisfait à toutes ses obligations, ce qui est impossible car l'Etat a quinze ans pour produire de nouvelles exigences.

Le fisc conserve pendant ces quinze années sur tous les biens des contribuables une hypothèque occulte primant tous les contrats ultérieurs.

Comme il est impossible de prouver qu'on est quitte envers le trésor, aucune aliénation d'immeuble, aucun emprunt sur hypothèque ne peut se produire, en toute légalité, pendant quinze ans.

Tout cela est purement cratolatrique. C'est parce que le commerce a — injustement — une mauvaise presse que le Parlement a accepté de joindre aux droits du fisc sur les meubles du contribuable des bénéfices de guerre un privilège de premier rang sur ses immeubles, et c'est aussi pour cela que le gouvernement, bien qu'il ait reconnu que cette stipulation paralysatrice des affaires avait, même pour lui, plus d'inconvénients que d'avantages, s'est contenté de rédiger un projet de loi supprimant le privilège, mais n'en presse pas la discussion au grand préjudice du Crédit Foncier, des prêteurs, des emprunteurs et en définitive du pays qui a le plus grand intérêt au mouvement des affaires que permettrait la mobilisation des gages que la loi du 25 juin 1920 maintient — stupidement — immobilisés.

CHAPITRE XV

IMPÔT SUR LES BÉNÉFICES COMMERCIAUX ET INDUSTRIELS ET TAXE SUR LE CHIFFRE D'AFFAIRES

Ces deux impositions sont trop élevées : huit pour cent sur les bénéfices commerciaux et industriels de l'année et un pour cent plus un décime à chaque transaction, c'est beaucoup trop, mais je ne proposerai pas d'y renoncer.

La situation financière est telle que chacun doit faire pour y parer tout ce que ses forces permettent. Vraiment les taxes demandées au commerce sont abusives et certaines doivent avec le temps disparaître ou se réduire, mais ces disparitions ou réductions doivent être commandées par de larges excédents et, dans l'intérêt du fisc, les taxes qu'on peut supporter doivent être maintenues, d'abord parce que chaque citoyen est dans l'obligation de concourir le plus largement possible aux charges publiques ensuite parce que le commerce perdrait une grande partie de son autorité morale si, acculé à demander à toutes les autres catégories de contribuables de faire comme lui leur devoir fiscal, il manifestait le désir de s'exonérer ; c'est-à-dire si, au lieu de demander aux autres de le seconder dans son immolation volontaire, il se cherchait des remplaçants.

Je vais arriver à la partie de ce travail où je dirai :

« Ceux-ci qui ne paient pas doivent payer et il faut supprimer telles et telles dépenses ; cela est dur quoique légitime et ne se justifie que de la part d'un groupe qui fait lui-même son devoir entier et même plus que son devoir. »

Mais j'ai aussi une autre raison de ne pas demander des dégrèvements, c'est, bien que cela paraisse paradoxal, l'intérêt du consommateur.

Le consommateur a besoin qu'on retouche le moins possible le système d'impôt. On oublie toujours de le faire bénéficier des suppressions de taxe et on lui réclame tout de suite les impôts nouveaux. Lorsqu'il s'agit de droits incorporés au prix de la marchandise, il est hors d'état de s'y reconnaître et il paie à la fois les droits supprimés et les droits nouvellement établis. La stabilité est une grande nécessité et une grande régulatrice en matière d'impôt et je ne proposerai une suppression que lorsqu'il n'y aura aucun besoin de rétablir par ailleurs ce qu'on aura supprimé.

Donc acceptons de supporter dans l'intérêt fiscal, dans l'intérêt de l'efficacité de nos revendications et dans l'intérêt du consommateur, le retranchement énorme venant après tant d'autres de huit pour cent de nos bénéfices et la superposition de un franc dix centimes pour cent à toutes nos ventes, à titre d'impôt sur le chiffre d'affaires ; mais exigeons fermement qu'on s'en tienne là et qu'on entre tous les jours plus, pour la perception de ces deux impôts, dans la voie féconde du forfait qui assure et accélère les perceptions, en laissant au contribuable le temps et le moyen de gagner ce qu'il verse au fisc.

La patente représentait autrefois le cinquantième des bénéfices commerciaux et une revision quinquennale qui n'a jamais eu lieu devait permettre de serrer de près cette proportion. Lorsqu'on a transformé la patente — d'ailleurs conservée pour les départements et les communes — en impôt sur les bénéfices commerciaux et industriels, c'est le double, c'est-à-dire le vingt-cinquième des bénéfices, qu'on a visé en fixant le taux à quatre pour cent. Un énorme effort étant nécessaire, le commerce a accepté l'an dernier le doublement de ce taux porté à huit pour cent et cela pour les bénéfices réalisés en 1919, puisque c'est toujours sur les revenus de l'exercice écoulé que portent les impôts cédulaires. L'impôt à quatre pour cent n'a donc fait que paraître et disparaître et la taxe de huit pour cent, quadruple de ce qui avait servi de base à la patente, donne au commerce le droit de dire aux fauteurs de nouveaux impôts : « commencez par tout quadrupler et, lorsque vous aurez réalisé l'égalité fiscale, nous verrons avec vous ce qui est nécessaire à ce point de vue. »

*
* *

La taxe sur le chiffre d'affaires n'a pas eu de chance, mais cela n'enlève rien à ses mérites.

Elle avait été proposée pour remédier à tous les défauts des autres impôts et pour montrer comment on pouvait concevoir un impôt perçu de tous, sans frais et immédiatement. Il s'agissait d'un timbre proportionnel à apposer à chaque paiement sur la quittance, rendue obligatoire.

L'Administration s'est saisie de cette idée et en a fait la plus triste caricature qui existe. Le commerce seul a dû payer, voilà pour l'égalité fiscale ! on lui a imposé pour cette taxe douze déclarations de plus par an, en se réservant de les contrôler, voilà pour l'inquisition ! on a exigé des paiements mensuels, des transports d'espèce, on a majoré la taxe, d'abord pour compenser sa limitation au commerce et ensuite pour faire une part bien inattendue et bien peu justifiée en pareille matière aux départements et aux communes. Bref cette taxe a, grâce à l'administration et au parlement, tous les défauts des autres, plus les siens propres.

Mais le plus joli c'est le calcul fait par l'administration infaillible qui a fixé dans sa sagesse à

cinq milliards par an le rendement de cette taxe.
Ceci est une simple affaire de moindre effort. Le
budget de 1921 se présentait en déficit et la suré-
valuation d'une taxe permettait de l'équilibrer
sans fatigues. Comme dans l'étude et le vote d'un
budget tout le monde cherche à se dérober à de
nouvelles taxes, il s'ensuit une complicité générale et personne ne releva la si commode exagération d'évaluation du rendement escompté de la
taxe sur le chiffre d'affaires.

Malheureusement, si cela est commode pour le
parlement, c'est bien désagréable pour le contribuable. L'administration qui, tous les mois, a à
présenter au public le tableau des recouvrements ;
et à expliquer pourquoi ils ne cadrent pas avec
les évaluations, l'administration cherche des raisons pour expliquer les déficits et tourmente le
contribuable pour développer le rendement.

Il ne fait pas bon être le contribuable d'un
impôt à rendement déficitaire. C'est une des raisons de l'impopularité de la taxe de luxe.

Toutes ces circonstances fâcheuses ne doivent
pas cependant empêcher de reconnaître :

1° Qu'un gros travail d'acclimatation de la taxe
sur le chiffre d'affaires a été fait et qu'il serait
dommage de le perdre ; 2° que le rendement de
cette taxe, qui approche de deux milliards, la
rend une des plus productives du budget et que
cela vaut bien quelque considération, car, s'il
s'agissait de chercher le remplacement d'une taxe

produisant deux milliards, qui ne serait pas atteint ?

* *

Par contre, à aucun prix il ne faut envisager une augmentation quelconque de cette taxe qui, comme toutes les taxes, a des inconvénients que la modération permet de subir et qui deviendraient insupportables à un taux plus élevé.

Deux considérations dans cet ordre d'idées suffisent pour tout esprit libre de préjugé.

La taxe sur le chiffre d'affaires, perçue à chaque changement de mains, constitue une formidable prime en faveur de la concentration des affaires ; laquelle n'est pas démocratique et tend au monopole. Il va de soi que, si une même maison achète la matière première, la transforme en produits semi-ouvrés et ensuite en produits finis, puis vend ces produits finis, elle aura avec la taxe à 1,10 pour 100 barre dans la proportion de 3,30 à 4,40 pour 100 sur ceux de ses concurrents qui se limitent à la dernière opération ; or, contrairement à l'opinion courante, mais conformément à la réalité, les grosses firmes vivent sur un bénéfice de 3 à 4 pour 100 de leur chiffre d'affaires et la disparité créée entre les unes et les autres par la taxe sur le chiffre d'affaires, peu perçue dans les entreprises concentrées et très perçue dans les autres, difficile à supporter au taux de 1,10 deviendrait un obstacle insurmontable si la taxe était plus élevée.

Dans ces conditions la taxe se supprimerait d'elle-même puisque subsisteraient seulement les maisons qui, en faisant plusieurs opérations, ne la paieraient pas. Est-ce un parlement démocrate, qui veut supprimer d'un trait de plume toutes les petites maisons de commerce?

La deuxième considération se réfère à l'exportation. Nous sommes hors de toute compétition au dehors si nous sommes trop chers, et, bien qu'on ait supprimé la taxe sur le chiffre d'affaires sur les ventes faites pour l'extérieur, on ne peut pas empêcher son incidence de se faire sentir à raison des trois ou quatre changements de mains ayant précédé l'exportation ; et si la taxe perçue à chaque changement de mains était supérieure à 1,10 ce serait vraiment la suppression de toutes les affaires d'exportation.

Le ministre des Finances est, semble-t-il, la seule personne en France à ne pas se rendre compte de ces deux vérités ; espérons que sa volonté ne triomphera pas des résistances du Parlement et du bon sens.

CHAPITRE XVI

ILOTISME COMMERCIAL

Il est nécessaire que le commerce sache ce qui l'attend s'il se laisse faire, et pour cela le mieux est de lui donner un faible aperçu de l'état dans lequel est tombé le commerce des vins et des spiritueux, sous les coups combinés du fisc, des exigences agricoles et des revendications des hygiénistes.

A toutes les obligations fiscales de taxe sur le chiffre d'affaires, d'impôt sur les bénéfices commerciaux et industriels, de taxe de luxe et de patente, le commerce des vins et des spiritueux joint la licence, la taxe sur le volume des liquides qu'il vend, l'obligation de traiter dans des magasins séparés les produits d'origines diverses sur lesquels portent ses opérations, le monopole des alcools industriels et la taxe sur la taxe, laquelle en ces matières n'est pas négligeable.

La taxe de luxe sur les spiritueux s'applique à la valeur de la marchandise, droit de consommation compris, et comme ce droit est de dix francs par litre aux cent degrés, c'est tout d'un coup deux francs cinquante centimes par litre à ajouter au prix, et cela se paie sur l'alcool employé en parfumerie, c'est-à-dire industriellement, aussi bien que sur l'alcool consommé par la bouche.

La Régie entre chez le marchand de vin comme chez elle, du lever au coucher du soleil et peut tout y contrôler.

Le marchand de vin, qui a acheté à un propriétaire mille hectolitres de vin de sa récolte à quarante francs ne peut pas les revendre plus de quarante-cinq à quarante-huit francs sans tomber sous le coup de poursuites pour bénéfice illicite, mais le même propriétaire ayant gardé mille hectolitres de sa récolte peut les vendre quatre-vingts francs l'hectolitre si les cours atteignent ce chiffre et personne n'aura rien à dire. Si, lui, propriétaire, pourra dire quelque chose, il pourra taxer de spéculateur à la baisse son acheteur et déchaîner contre lui les foudres très meurtrières de la Confédération Générale des Vignerons si cet acheteur vend au prix de quarante-cinq à quarante-huit francs, ce vin qu'il n'a pas le droit de vendre plus cher.

Par contre, si les prix baissent, ce même commerçant verra en face de son magasin s'ouvrir une baraque Vilgrain qui, sans frais de loyer, sans imposition, sans taxe sur le chiffre d'affaires, vendra le vin au consommateur au prix auquel l'aura ramené la baisse et même plus bas si l'on veut, car somme toute, si l'opération se solde en perte, c'est le contribuable qui paiera[1].

Avant qu'on eût inventé les baraques Vilgrain, la propriété vinicole avait le droit de venir écouler dans un magasin, en face de ses acheteurs, et sans payer patente, la marchandise qu'elle produisait et dont elle avait vendu une partie à celui à qui elle faisait cette concurrence privilégiée.

*
* *

La partie des statistiques administratives concernant le commerce est basée sur des titres de mouvement et elle est rigoureusement exacte, elle est publiée à l'Officiel à des dates régulières quand cela n'a aucun inconvénient pour le viticulteur.

La partie des statistiques administratives qui relèvent de la propriété vinicole : déclarations ou évaluations de récolte se fait comme il plaît à la propriété, car l'obligation de déclarer n'est pas accompagnée dans la loi des sanctions qui frappent le commerce en cas d'erreur ou d'omission et ces statistiques paraissent quand les groupements de viticulteurs estiment leur publication avantageuse ou inoffensive, en décembre, en avril ou en juin. Du jour au lendemain, et sans

---

1. Voir sur ce sujet le *Petit Bleu* du 28 septembre 1921.

avertissement les statistiques, par un changement de leur date d'arrêt, enregistrent les opérations de quarante jours et les donnent pour le total d'un mois. La statistique administrative n'est pas un document, c'est une arme et aux mains du plus fort. Pure *Cratolatrie !*

On multiplie par 2,6 les droits de douane sur les vins étrangers en cours d'exercice et on réduit les droits de consommation, tout cela inopinément, sans raison autre que le désir des viticulteurs. Le commerce se débrouille comme il peut à travers tous ces changements.

*
* *

Les mesures les plus draconiennes sont prises à l'égard du commerce, qui n'a pas le droit de pratiquer chez lui les opérations d'amélioration du vin permises à la cuve. L'addition d'acide tartrique au vin est une opération recommandée au viticulteur qui ne la fait pas parce qu'elle est coûteuse, et interdite au commerçant à qui la propriété vinicole livre des vins à acidité tartrique souvent insuffisante.

Depuis longtemps, les politiciens de l'administration voulaient réaliser le monopole des alcools ; toutes les études des commissions extra-parlementaires ont condamné cette proposition, mais la guerre advenant et les besoins de poudre étant urgents le ministère des munitions a réquisitionné les distilleries produisant de l'alcool industriel, matière première de la poudre.

La guerre est finie depuis trois ans, l'alcool est toujours aux mains de la direction des poudres.

La viticulture qui, il y a cinq ans, s'était mise d'accord avec la distillerie industrielle pour laisser vivre cette dernière moyennant la certitude du prix de cent cinquante francs l'hectolitre pour ses alcools (soit en moyenne 15 francs pour les vins) s'est habituée à toucher soixante, quatre-vingts, cent et cent quarante francs par hectolitre pour ses vins et elle ne veut plus rien savoir d'un accord qui lui paraît maintenant caduc, parce que devenu pour elle moins avantageux, et elle obtient la prolongation indéfinie sous le prétexte fallacieux d'établir un statut définitif pour l'alcool, de la réquisition de la direction des poudres devenue un véritable monopole.

D'année en année, la fin du régime de réquisition est renvoyée.

Voilà ce qu'il en coûte, monopole compris, de se laisser mettre le grappin dessus ; que le commerce ne l'oublie pas et qu'il sache se défendre !

Si la prospérité des productions alimentant le commerce des vins et spiritueux avait répondu à ces mesures, le commerce pourrait se consoler de ses malheurs en appréciant le résultat qu'ils ont pour le pays ; mais la situation est inverse, car la solidarité est la loi générale, immanente, et toutes les fois qu'un commerce souffre les productions qui l'alimentent et la consommation à laquelle il fournit subissent la répercussion de ses tribulations.

La consommation se voit offrir d'infâmes liquides par des vendeurs irresponsables. Ce n'est pas moi qui le dis, mais le compte rendu de la Chambre des députés — déclarations de M. Barthe — et si les vins bénéficient de temps en temps d'une plus-value, on a pu voir, par les débats des Chambres d'avril-mai 1921 que cette plus-value est précaire. Quant à la production des alcools elle est nettement déficitaire dans son ensemble.

Le rayonnement de la France en matière d'exportation de vins, de liqueurs et de spiritueux est atteint, et par contre les importations de marchandises similaires étrangères ont sensiblement augmenté.

CHAPITRE XVII

LA FRANCE PEUT PAYER

Voici un des chapitres essentiels de cette étude.

Nous avons dû nous attarder dans les critiques et les doléances, mais tout cela est négatif et il s'agit d'arriver à quelque chose de positif. La France peut-elle payer? oui ou non? Tout ce travail est fait pour proclamer que oui, et indiquer comment ce oui peut se réaliser.

Pour reprendre notre comparaison du chapitre III, le père de famille tout entier à sa lutte contre sa maladie, et au travail qui lui permettra de rétablir ses affaires, a confié le soin de faire ses comptes à un bohème artiste et quelque peu poète, qui a imaginé les systèmes budgétaires les plus biscornus qui soient.

Au lieu d'appliquer au paiement des dettes ce qui rentre et dès que cela rentre, notre fabricant de budget spécialise le travail du père de famille et réserve à un des créanciers le profit que donnera l'an prochain la culture des navets et à l'autre les bénéfices qu'on espère d'une saison de pêche à la ligne, et cela en oubliant de faire entrer en ligne de compte des rentrées mensuelles certaines.

Naturellement, en tablant sur des ressources aussi aléatoires, le comptable bohème a toutes les peines du monde à prévoir ce qui serait nécessaire à la fois pour payer et pour mettre la maison debout. Mais un beau matin le père de famille voudra voir clair dans ses affaires. Il jettera un coup d'œil sur le cahier de comptes et sur l'échafaudage des prévisions ; et après un grand éclat de rire, il renoncera aux élucubrations et paiera avec ses rentrées au fur et à mesure de leur réalisation.

A la question « La France peut-elle payer ? » on pourrait répondre par une autre question : « Qui n'a pas la faculté de changer de poche son porte-monnaie ? »

Le budget ouvre 24 932 201 835 francs de crédits à divers ministères, mais pour payer quoi ? pour payer des rentes aux porteurs de notre dette intérieure, pour verser des pensions, pour nourrir des fonctionnaires et enfin quelque peu pour faire des travaux chez nous.

Pourquoi ne pouvons-nous pas payer des sommes qu'en définitive nous sommes appelés à recevoir ?

Le Pays peut indéfiniment se payer à lui-même quelque treize milliards d'intérêt. Il perd les frais de perception mais c'est tout.

732 926 fonctionnaires peuvent recevoir de

l'Etat 4 905 264 634 francs. Que feront-ils de cette somme, sinon de la porter chez leurs boulangers, leurs bouchers, leurs tailleurs lesquels ont la veille versé des contributions qu'ils voient ainsi revenir. Et avec le système actuel d'impôts peut-être ne paieront-ils que demain ce qu'ils ont reçu aujourd'hui. Somme toute, il n'y a de perdu que ce que rendraient en travail utile les fonctionnaires en surnombre.

Je ne vois rien dans la nomenclature des crédits pour nous acquitter envers l'étranger de ce que nous lui devons, soit en capital, soit en intérêt, et je le regrette, car de ce côté il ne s'agit pas d'une simple compensation; mais d'une application au pied de la lettre du proverbe « qui paie ses dettes s'enrichit ».

Tout paiement de nos dettes à l'étranger améliore le change, c'est-à-dire le prix de revient pour nous de tout ce que nous lui achetons et, quel que soit notre penchant à la restriction, il s'agit encore de quantités énormes. Je crois que si l'on calculait bien on trouverait que l'amélioration du change nous rembourserait en *capital* et dans un délai très court tous nos remboursements à l'étranger.

Ce qui fait le change, ce qui le maintient, c'est la conjugaison de nos dettes d'État avec nos achats à l'étranger. Les années 1919 et 1920 avec leurs excédents d'importation de 23 milliards 9 et de 12 milliards 9 sur les exportations nous ont mis dans l'état de change où nous sommes, non pas par le fait d'avoir acheté à l'étranger, mais en raison de la cause de ces achats, en raison de notre dédain de la production, de notre illusion de *l'Allemagne paiera* qui nous a dispensés de faire ce qu'il fallait faire pour payer nous-mêmes en attendant. D'autre part il est évident que des pays étrangers, désireux de nous vendre pour réaliser leur change et pour qu'il ne soit pas un obstacle à leurs affaires avec nous, sont allés jusqu'à la limite du crédit qu'ils pouvaient nous faire et c'est ainsi que la situation du change s'est consolidée.

Commençons par régler nos dettes d'État ; les autres, les dettes particulières se règleront toutes seules ; et profitons de cette occasion pour constater que cette exagération d'achats à l'étranger s'est produite, en 1919 et en 1920, avant qu'on eût chez nous *jeté le harnais*, en pleine période de *contrôle d'exportation de capitaux*. Ne demandons rien à l'État pour les créances particulières — où irions-nous s'il s'en mêlait ? — mais prions-le d'acquitter les siennes et au plus vite.

Donc les sommes prélevées sur le travail français se dépensent en France et nous les récupérons, ou à l'étranger, pour ce que nous lui devons, et la récupération doit se faire intégralement et à bref délai par l'amélioration du change.

Dans ces conditions comment n'aurions-nous pas les moyens de payer ?

D'ailleurs n'est-il pas un peu oiseux, pour un peuple qui vient, en trois années, de payer non pas dix-huit ou vingt milliards, mais une quarantaine de milliards chaque année par toute espèce de combinaisons dissimulées de dépenses recouvrables, de moyens de trésorerie, d'emprunts à la Banque de France et autres, de se demander s'il peut payer dorénavant une somme plus faible que celle qu'il a sortie, dans des temps moins propices au travail?

* *

Lisons le réconfortant rapport au Sénat de M. Henry Chéron sur les contributions directes et nous serons édifiés.

Au 31 décembre 1920, le solde du compte des caisses d'épargne était en augmentation de 1 milliard 783 millions sur celui du 31 décembre 1913, et l'examen du même compte au 10 juin 1921 faisait apparaître un excédent de dépôts, pour les cinq mois et dix jours courus, de 506 919 000 francs, chiffre qui n'avait jamais été atteint précédemment à cette époque de l'année. Un indice très consolant est également celui donné par le rendement des impôts volontaires.

En 1920, le pari mutuel a mis à la disposition du ministère de l'hygiène 38 millions contre 8 millions en 1913.

Au 31 août 1921, la régie constatait que les

tabacs avaient donné 205 908 000 francs de plus, en 8 mois, que les évaluations portant cependant sur le chiffre coquet de 808 893 000 francs.

Tant qu'il en sera ainsi je ne me ferai pas de mauvais sang pour la réponse à la question : la France peut-elle payer?

CHAPITRE XVIII

COMMENT LA FRANCE PEUT PAYER

Tous les chapitres qui suivront celui-ci ont pour but d'indiquer, en détail, comment la France peut payer, non seulement ce qu'on lui demande et qui est insuffisant, mais encore ce qu'il faut qu'elle verse pour amortir sa dette et s'outiller.

Les détails n'ont cependant d'intérêt que s'ils développent une idée mère, une idée générale, et il n'y a pas de question qui ne puisse se ramener à une vue unique, comprenant toutes les solutions.

Quand on s'est trompé, il faut faire machine en arrière ; cela est arrivé un certain nombre de fois dans l'histoire de France, et jamais la nation ou ses chefs n'y ont manqué ; ce qui a, chaque fois, plus consacré notre réputation séculaire de bon sens.

Ce qu'il faut faire maintenant, tenez-vous bien ! C'est d'honorer la fortune.

La fortune qui a souri aux nouveaux riches !

La fortune « dont la main couronne les forfaits les plus inouïs » ! Non, pas celle-là, qui est une déesse inconstante et volage, mais la fortune acquise qui est du travail accumulé. Mais oui ! si vous voulez clôturer l'ère des enrichissements subits et immérités, si vous voulez que reprennent leurs biens ceux que la guerre a ruinés, si vous voulez enfin que la France paie ses dettes, il faut honorer la richesse !

Elle comporte une valeur de publicité énorme attirant l'attention sur les moyens qui la procurent, elle aide à leur si utile diffusion.

Comment la France paiera-t-elle, si elle n'est pas riche et comment la France peut-elle être riche, sinon par la fortune de ses enfants ? Je sais bien que les socialistes veulent fonder la richesse de l'État sur la spoliation de tous les possesseurs de fortune, mais les socialistes n'en sont pas à une erreur près ; la forme la plus poussée du socialisme, le communisme, a fait en Russie une expérience que tous les gens soucieux des destinées de l'espèce humaine déclarent aussi complète que possible et le résultat démontre — a contrario — ce qui précède ; l'appauvrissement des Russes entraîne l'appauvrissement de la Russie.

Si donc la fortune de la France ne se conçoit pas indépendante de la fortune des Français, et si la richesse de la France est une nécessité pour le redressement du pays, il est logique de rechercher les moyens de rendre riche le plus grand nombre possible de Français. Pour cela, le moyen le plus simple est d'honorer la richesse et le seul moyen infaillible de se procurer la richesse : *le travail*.

Ici, je demande la permission de revenir à l'idée exposée dans le 4ᵉ chapitre, *Évolution*. Du temps de Guizot, « enrichissez-vous » s'adressait à quelques personnes exceptionnellement placées pour profiter d'un mouvement de concentration ; aujourd'hui la situation est autre, c'est au travail individuel que le conseil « enrichissez-vous » est forcément adressé.

N'a-t-on pas constaté les changements de mains de la propriété rurale, qui ont donné tant de travail et de profit à l'enregistrement ? Le morcellement de la propriété agricole, l'acquisition par le fermier du lopin de terre qu'il cultivait depuis plusieurs générations, sont des manifestations de plus de la tendance à l'individualisme, et ce sont tous les individus du pays qui peuvent s'enrichir. Il faut accepter cela, si l'on veut que la France paie.

Pourquoi sommes-nous si réfractaires à honorer la richesse ? nous qui honorons le grade, qui honorons les hautes fonctions, et qui, malgré la Révolution, honorons la noblesse.

Est-ce qu'il n'y a pas autant de comtes du Pape et de comtes à dormir debout, parmi la noblesse, que de nouveaux riches parmi les hommes opulents ?

La barbe blonde et le cheval noir de Boulanger, qui étaient ses seuls mérites, ont-ils fait tort aux généraux qui ont gagné la grande guerre ? Il y a et il y aura toujours des généraux d'opérettes dans la grande phalange des hommes de guerre, et cela ne nuit pas à la considération due au grade.

Les arrivistes abondent dans la hiérarchie judiciaire, mais tout de même la toge conserve son prestige.

Pourquoi n'en serait-il pas de même de la fortune ?

La fortune, comme le grade, comme le titre, est la matérialisation des services rendus et de la nécessité de maintenir ces services. Noblesse oblige, fortune aussi.

La spéculation, dont les bénéfices sont rapides, a vite fait de perdre ces bénéfices, et le nouveau riche, proie des sarcasmes, n'est pas riche ou ne l'est pas resté, sans avoir rendu des services. Il est comique qu'un pays qui se croit démocratique n'admette pas que la première génération puisse avoir les bénéfices de son action. Les maréchaux de Napoléon étaient de nouveaux riches dans leur genre et on les a persiflés, chansonnés ; on aurait aussi bien fait de leur reconnaître tout de suite leur qualité d'ancêtres et il n'est que temps d'admettre que ceux qui ont gagné de l'argent à sauver le pays pendant la guerre. — Oui, Monsieur, à sauver le pays qui n'aurait pas tenu sans munitions et sans subsistances ! — l'ont mis à même de faire ensuite face, dans la proportion dans laquelle les événements l'ont permis, aux nécessités de la paix.

L'État lui n'a rien gagné pendant la guerre. Il a gâché tout ce qui passait par ses mains ; avec deux cents milliards il a fait pour cent cinquante milliards de travail ; il a gaspillé des vies humaines autant qu'il a gaspillé de capitaux. Est-ce à cet exemple qu'il faut se conformer ? Où en serions-nous si tout le monde avait aussi mal travaillé !

Heureusement qu'à côté et au-dessous de ce gâchage gouvernemental et administratif, il y a eu le Pays ; le pays qui a travaillé et qui a empêché d'aller uniquement au dehors, entre des mains étrangères, les milliards bêtement gaspillés !

La fortune française se construit et se construira longtemps encore. Ce qui est issu de la commotion générale a une grande tendance à changer de mains. La fortune changera de mains tant que celles qui la tiendront momentanément ne seront pas de force à la fixer. Le travail, la production sont les agents de constitution, de maintien et de développement de la fortune française et ils méritent qu'on les révère.

Il en est du travail et de la production comme de l'armée. Ils ont leurs soldats, ils ont leurs officiers, ils ont leurs grands chefs. Le soldat sans chef ne ferait rien qui vaille. Une étroite solidarité doit unir tous les membres de l'armée du travail qui marche à l'assaut de la fortune, parce que, sans la conquête de la fortune, la France ne peut pas payer, et le succès en ce genre mérite la même considération que les autres.

La conquête de la fortune ne peut pas se faire sans profiter au consommateur. Avant la guerre, la surabondante production assurait la domination du consommateur. Il faut en revenir là.

Toutes les lois, toutes les interventions administratives et judiciaires de ces dernières années n'ont-elles pas eu pour but affiché de venir en aide au consommateur, de réduire la cherté ? En est-il une qui ait réussi ? Pouvaient-elles réussir sans production ? La production n'est-elle pas le moyen efficace et unique d'assurer l'abondance et le bon marché en même temps que de procurer la fortune, la belle, la saine fortune aux producteurs ?

Acceptons l'inévitable ! La littérature vitupératrice de la fortune a un grand charme pour les Français, mais la situation exige un gros effort. Renonçons à cette partie de la littérature ou ne lui permettons pas d'inspirer nos actes économiques. Il faut faciliter la production, il faut honorer la richesse qu'elle procure ; il faut rechercher l'abondance qui en est le résultat et qui permettra enfin au consommateur — affamé par sept années de régime extravagant — de vivre et de prospérer.

Tout cela paraîtra un peu théorique, mais si le lecteur veut bien me suivre, il verra que je ne me perds pas dans les nuages pour concrétiser un système dans une idée.

C'est la *cratolatrie* qui nous a mis où nous sommes, c'est le retour aux saines pratiques qui nous en sortira, et nous allons consacrer à chacune l'attention qu'elle mérite.

CHAPITRE XIX

RÉDUCTION DU NOMBRE
DES FONCTIONNAIRES

J'ai beau avoir la plus grande admiration pour
le dévouement des membres de la Commission
des finances de la Chambre et tout particulièrement pour le zèle et la clairvoyance de son distin-
gué rapporteur M. Bokanowski, je suis resté tout
de même rêveur lorsque j'ai lu dans les journaux
quotidiens que le nombre des fonctionnaires, qui
était au 1ᵉʳ janvier 1921 et probablement aussi en
septembre, date de cet écho, de 732 926 coûtant
annuellement 4 905 264 634 francs serait ramené,
au 1ᵉʳ janvier 1922, à 690 938 unités touchant
seulement 4 617 903 666 francs.

Par quel effet de baguette magique opérera-
t-on, en un aussi court délai, d'aussi fortes réductions, sans compromettre le fonctionnement de
l'administration ?

Remarquez que le nombre des fonctionnaires
et leur qualité sont déjà en déficit. Les retards
dans les émissions de rôles et dans leur vérifica-

tion, retards qu'accuse chaque situation mensuelle, démontrent la certitude de ces deux déficits.

Ce n'est un secret pour personne que, depuis la fin de la guerre, les fonctionnaires les plus éminents ont quitté l'administration pour coopérer à la gestion d'entreprises privées où ils trouvent, avec une considération légitime et l'espoir moins légitime d'utiliser leurs relations, des émoluments en rapport avec leurs capacités. Au cours de la même période, c'est par masses que les techniciens ont abandonné l'administration, pour entrer au service des entreprises privées.

Enfin, on sait bien que les concours n'attirent plus les candidats aux fonctions publiques.

En pareil cas que ferait un commerçant ? Il garderait jalousement ce qu'il aurait, il élèverait les appointements de tous ceux qui le méritent et il simplifierait le travail pour qu'un nombre plus restreint d'employés puisse faire rapidement et complètement ce travail aujourd'hui à peine ébauché.

Si le personnel était tout de même en surnombre par suite des simplifications par lesquelles il faut commencer, le commerçant en serait quitte pour ne pas augmenter les employés dont le départ ne le contristerait en rien et la sélection se ferait toute seule.

Dans le domaine politique, on fait tout le contraire et on s'étonne ensuite du gâchis ainsi obtenu.

J'ai eu dernièrement l'occasion de savoir quels étaient les appointements moyens des employés d'une grande compagnie dans laquelle on entre à 150 ou 200 francs par mois. La moyenne était de 15 000 francs par an. Il y avait donc des employés à 50 et 80 000 francs.

Des chiffres donnés par la Commission des finances, il ressort que la moyenne de traitement d'un fonctionnaire ressort à 6 700 francs environ, et cela dans une administration où les balayeurs touchent 6 000 francs par an. Comment peut-on, après ces constatations, s'étonner des brusques départs d'hommes qui ne peuvent pas toute leur vie se contenter d'appointements de balayeurs et qui se sentent à même de gagner largement leur vie, qui ont besoin, par suite de nécessités de famille, de la gagner.

Comme ce n'est pas en parlementaire vite satisfait d'une solution apparente que je veux traiter cette question, je désire en dégager les éléments que voici :

Le ministère des Finances a un nombre de serviteurs exagéré pour les sommes qu'ils recouvrent, pas pour les sommes qu'ils devraient recouvrer ; ceux qu'on renverrait maintenant feraient faute demain si l'on adoptait demain un système d'impôts recouvrable et, tout de suite, si l'on se maintient dans les pratiques actuelles.

Il faut donc conserver les fonctionnaires qu'on a, mais rendre leur travail plus facile, de façon à pouvoir utiliser pour les perceptions supplémentaires leurs disponibilités de temps et de travail.

Il serait très désirable de supprimer bien des impôts qui grèvent outrageusement le commerce, mais la situation actuelle ne se prête pas à des suppressions et le commerce n'aurait aucune autorité pour demander que les autres fissent comme lui si en même temps il demandait à être exonéré. Tout de même *il faut simplifier l'assiette de l'impôt. Rien n'est plus facile, les impôts cédulaires ont maintenant 5 années de pleine application : 1916-1917, qui ne peuvent guère compter que pour un exercice, 1918, 1919, 1920 et 1921, puisqu'il s'agit du budget de 1922. Qu'on fasse pour chaque contribuable et pour chacun de ses impôts cédulaires la moyenne de ses rôles au cours des cinq dernières années et qu'on fixe ses contributions pour cinq nouvelles années de 1922 à 1927 à la moyenne ainsi obtenue.*

Rien n'est plus conforme à l'esprit inspirateur des saines finances. Autrefois la patente fut fixée au cinquantième des bénéfices présumés du commerce, avec une revision quinquennale qui n'a jamais été faite, parce qu'on a toujours marché vers les complications, mais qu'une large simplification à la base permettrait.

Tout de suite, dans ces conditions vous dégagez une grande partie des fonctionnaires occupés à la réception des déclarations et à leur contrôle, contrôle qu'ils ne peuvent pas mener à bien en un an et auquel ils consacrent actuellement *plus d'un exercice.*

Ces fonctionnaires pourraient à ce moment rechercher, non pas avec un retard de cinq années, comme aujourd'hui (voir les situations mensuelles publiées à l'*Officiel*) mais tout de suite, les non-déclarants et les faire payer. Ce sont des milliards qui attendent, et rien qu'en intérêt et en non-valeurs compromis, il s'agit de centaines de millions à économiser.

A première vue, il semble que les assujettis à une contribution consolidée pour cinq années seraient favorisés, faveur que mériterait bien, si elle existait, leur empressement à faire leur devoir fiscal, mais c'est une erreur ; les bénéfices ayant servi de base à l'établissement de leurs rôles au cours des cinq dernières années ne peuvent se maintenir dans les exercices futurs, et il y aurait de grandes chances que la moyenne des cinq années ressorte à un taux plus élevé que celui qui ressortirait de déclarations réelles. L'avantage — d'ailleurs inappréciable — serait pour eux de pouvoir tabler sur des chiffres certains, mais l'équité voudrait que le forfait de cinq années fût facultatif pour le contribuable. On peut compter que la plupart des contribuables se prévaudraient de cette fixité même onéreuse, car l'essentiel en matière de charges est encore la stabilité.

Les déclarations, les vérifications, les contrôles constituent — on l'a vu après une expérience de cinq années — une base d'impôt irréalisable. Allons donc vers le forfait !

Le retour pur et simple aux quatre vieilles doublées, triplées, quadruplées serait très séduisant, mais il aurait le tort d'encore terriblement grever le commerce par les patentes et de ne pas donner une somme totale suffisante. D'ailleurs, tout changement a de gros inconvénients et je crois qu'il vaudrait mieux se contenter de remédier par le forfait aux impossibilités d'application des taxes reposant sur des déclarations annuelles.

Après la simplification du système, il faut aborder la simplification des méthodes. Que l'État, comme l'a suggéré avec beaucoup de bon sens dans le *Rentier* M. Neymarck avant de mourir, verse à ses contribuables exacts un escompte représentant les intérêts que mettent à sa charge les contribuables retardataires et il avancera singulièrement les paiements.

Qu'il remette à des banques de tout repos, liées par le secret professionnel, les titres de perception à l'escompte et qu'il adopte lui-même, mais en actes, pas en circulaires, l'usage des chèques et des virements.

Pendant la guerre une instruction ministérielle a enjoint aux administrations publiques l'emploi du chèque barré. Il faut voir comment cela a été compris ! On fait tout ce qu'on faisait autrefois et on y superpose le chèque barré, constituant, non une simplification, mais une formalité de plus.

Une autre simplification consisterait pour l'État à payer ce qu'il doit et à le payer, au besoin par un mandat à terme, dès que la dette est reconnue. Nous doublons le montant de nos dettes, en frais de fonctionnaires dont le seul travail est d'opposer des réponses dilatoires aux réclamations des fournisseurs et, dans ce but, de soumettre des factures à des contrôles nombreux et tout à fait inutiles. La facture vérifiée, un chèque au fournisseur, et c'est fini. Les Anglais font ainsi et s'en trouvent très bien. Le chèque ne peut être encaissé sans l'acquit du fournisseur et la correction de l'opération est absolue.

Augmentez les fonctionnaires intelligents, laissez les autres à leurs appointements et vous verrez vite comment l'esprit vient... aux fonctionnaires.

Avec cela, avec la remise à l'industrie privée de la gestion des postes, télégraphes et téléphones et des tabacs, on pourrait vraiment sans trop attendre les effets des éliminations automatiques réduire le nombre des fonctionnaires et, pour ne pas compromettre l'œuvre fiscale, payer à leur valeur ceux qui resteraient. On voit tout de suite que les émoluments des bons fonctionnaires devraient être triplés et ce n'est pas de ce côté que je vois des économies d'argent, au contraire.

Certes, l'utilisation pour la production d'activités actuellement occupées à contrôler, c'est-à-dire à gêner ceux qui travaillent, serait un bel avantage et permettrait de ne pas en chercher du côté des sommes employées à rémunérer ceux qui resteraient. Il s'agit là de ceux que l'administration tiendrait à s'attacher, et elle devrait le faire par de solides augmentations.

Il faut s'y décider ou mourir d'un fonctionnarisme qui n'arrive même plus à se recruter et qui, tenant tout en France, est hors d'état de répondre aux nécessités non seulement de création qu'impose la situation actuelle, mais simplement de gestion.

CHAPITRE XX

INÉGALITÉ FISCALE

L'Inégalité fiscale est une iniquité. Elle viole la déclaration des droits de l'homme : L'impôt doit être consenti par tous et payé par chacun suivant ses facultés, et le droit naturel dont la *Déclaration* est l'expression.

Aucun fait n'est plus caractéristique de l'état de cratolatrie où nous sommes tombés : « Tu es riche, tu es puissant, tu es en nombre, tu es violent, *tu ne paieras rien*. Tu es bon garçon, tu paies ce qu'on te demande, tu es handicapé par ta faiblesse numérique, *tu paieras tout.* »

Que ceci se passe en France, sous un régime issu de la Révolution, que ce soit pratiqué par un peuple souverainement dominé par l'idée de justice et d'équité, auquel on ne fait jamais vainement appel en faveur d'une oppression quelconque se produisant dans le monde, c'est incompréhensible et cela ne peut pas durer !

Chacun est disposé à faire son devoir fiscal, au-delà même de toute mesure, mais à la condition que tout le monde en fasse autant.

Que quelqu'un qui gagne autant qu'un autre, et à plus forte raison davantage, paie moins que cet autre ou ne paie rien et ne soit pas poursuivi, constitue un scandale, et à la longue une impossibilité de recouvrement des impôts consentis, avec la condition implicite, sinon exprimée, que chacun accomplira son devoir.

Pendant la guerre, les détenteurs de titres industriels, d'immeubles, de bijoux réalisables, ont tous gagné à la vente de ces objets des sommes folles proportionnellement à leur valeur d'avant-guerre et par le fait de la hausse. Seul le commerce a dû une contribution sur les bénéfices de guerre.

Il l'a acceptée, il la paie ; mais cela rend la société débitrice vis-à-vis de lui ; elle a à faire de gros sacrifices pour rétablir l'équité.

Le fait-elle ? Il n'y a qu'à jeter un coup d'œil sur la situation financière au 31 août pour répondre à cette question.

Rôles émis en 1921 :

Bénéfices industriels et commerciaux.	473 947 500 francs
Bénéfices agricoles. . . .	12 671 700 —
Traitements et salaires. . .	133 515 900 —
Bénéfices des professions non commerciales. . .	22 662 100 —
Impôt général sur le revenu.	591 863 300 —

Nous avons tout lieu de croire que la proportion dans laquelle les professions agricoles composent les rôles de l'impôt général sur le revenu par rapport à la proportion dans laquelle l'alimentent les professions industrielles et commerciales est celle fixée par les deux premières lignes des chiffres ci-dessus : 473 pour l'industrie et le commerce et 12 pour l'agriculture, et lorsqu'on songe que, numériquement, ces professions sont représentées, celle de l'agriculture par 9 millions de propriétaires, et celles du commerce par moins de deux millions d'unités, on est obligé de convenir que l'égalité fiscale n'existe pas en France, qu'elle est outrageusement violée et piétinée, et que ceux qui ont la charge de répartir l'impôt au prorata des forces contributives de chacun sont de grands coupables !

M. Dior, ministre du Commerce et commerçant, a revendiqué l'égalité en disant : « Il nous faut aussi l'égalité fiscale. Plus de citoyens de deuxième zone. Tout le monde doit être égal devant le fisc. »

M. Ribot, qui a créé l'impôt sur le revenu en sachant très bien quels en seraient les résultats, car c'est dans ses discours qu'on trouve les plus amères et les plus justes critiques de cette forme d'impôt, a dit le 24 mars 1921 à la tribune du Sénat.

« L'agriculture a fait de très gros bénéfices, on ne peut pas le lui reprocher (s'il s'agissait du commerce on lui prendrait le 80 pour 100 et on lui reprocherait le reste) mais il faut qu'elle prenne sa part du fardeau. »

Quand tout le monde a été accablé d'impôts, les agriculteurs ont été dégrevés dans la proportion de 40 pour 100.

Il faut tenir compte de cela pour apprécier les possibilités contributives de la France. Un propriétaire seulement sur deux cents paie en ce moment les impôts cédulaires, les autres se réservent. Ils ne pourront pas trouver mauvais que les appellent à l'aide les commerçants qui continuent à verser leurs contributions exagérées actuelles.

Il en est de même de la main-d'œuvre. Il n'en coûte à un ouvrier pour s'exonérer de toute contribution directe que de porter à son Syndicat ou à la Bourse du travail sa feuille de contribution et de l'y laisser.

Les ouvriers le font parce qu'on leur *bourre le crâne* en leur déclarant, contre toute vérité, qu'ils produisent tout et paient tout : mais ils ont trop de bon sens, trop d'esprit d'équité pour ne pas y voir plus juste en ces matières que leurs flagorneurs et pour ne pas accepter de payer leur part, s'il est démontré que tout le monde paie et que l'égalité fiscale est réalisée.

CHAPITRE XXI

DÉVELOPPEMENT COMMERCIAL

J'insiste constamment au cours de cette étude sur la règle de conduite de ne demander aucun dégrèvement pour le commerce, de façon que ses revendications, pour appeler à l'aide les groupes actuellement favorisés sous le rapport fiscal, aient plus d'autorité ; mais il va de soi que les taxes qui le grèvent rendront plus si le commerce est actif, et que l'égalité fiscale qu'il demande doit avoir pour effet de le soustraire à l'inquisition à laquelle échappent les autres catégories de contribuables.

L'abonnement, le forfait résultant pour les impôts cédulaires de cinq années d'imposition, abonnement fixé pour cinq ans évitent tout ce qui est évitable de l'inquisition ; pour l'impôt sur le chiffre d'affaires, le forfait à la base et le maintien du taux sans augmentation suffisent. Les dispositions adoptées par la Chambre pour le chiffre d'affaires vont permettre, si le Sénat les accepte, de faire l'expérience du forfait jusqu'à dix mille francs d'affaires par mois. Je ne doute pas qu'elle soit avantageuse aux deux parties : au fisc et au contribuable et que les résultats obtenus engagent à élever le taux du forfait pour que plus de contrôleurs et plus d'assujettis en recueillent le bénéfice.

Le développement du commerce est tout ce qu'il y a de plus souhaitable pour la rentrée des impôts, mais aussi pour la production de la terre, qui est plus ou moins provoquée par les facilités ou les difficultés de vente et pour l'élévation du taux des salaires, qu'une extension du travail individuel assure mieux, plus vite, et surtout plus définitivement, que toutes les grèves et toutes les agitations cégétistes ou syndicales.

Il faut donc tout faire pour développer l'activité du commerce et tout se résume en un seul mot : la liberté.

Le commerce n'attente à la liberté d'aucun groupe économique ; tous attentent à la sienne et il est nécessaire de rétablir le plus possible la liberté du commerce si l'on veut assurer la prospérité de toutes les branches de la production nationale que le commerce approvisionne à bon marché quand il jouit de la liberté de ses mouvements et qu'il délivre de leurs productions au prix maximum obtenable, quand il a toute liberté d'agir.

Là encore, il faut penser au consommateur dont l'intérêt est toujours d'accord avec l'intérêt permanent des producteurs patrons ou ouvriers et que sauvegarde pleinement la concurrence assurée par la liberté du commerce,

* *

Mais le terrain théorique prête vraiment trop à la phrase et j'ai hâte d'arriver aux exemples pratiques.

Un article récemment paru dans le *Parlement et l'Opinion*, dû à la plume de M. A. Fauchère, commissaire adjoint de la colonie de Madagascar à l'Exposition Coloniale de Marseille en 1922, jetant un regard sur la production mondiale du sucre, constate que de 1901 à 1913 la consommation de cette denrée, par tête d'habitant, était passée, en France, de 10^{kg},790 à 18^{kg},840. Cela n'est-il pas également réjouissant pour le producteur et pour le consommateur ? Or la consommation du Français en sucre ne représentait que le tiers de la consommation de l'Anglais, elle-même très extensible. N'y a-t-il pas du côté de la consommation de belles perspectives de développement ? Si, depuis 1913, la progression de la consommation du sucre avait conservé son allure des dix premières années du siècle, le monde aurait aujourd'hui besoin de 24 à 25 millions de tonnes de sucre, c'est-à-dire de 8 à 10 millions de tonnes de plus que la production à laquelle la grande guerre l'a restreint.

L'ingéniosité de l'industrie et du commerce ne se manifesteront jamais d'une façon plus éclatante que par la prospérité de la chocolaterie suisse. La Suisse, inaccessible par mer, ne produisait ni sucre ni cacao. Elle s'est tout de même créé une situation prépondérante dans l'industrie du chocolat, simplement par son libéralisme douanier en matière de cacao et de sucre.

*
* *

Une création privée qui nous rendrait actuellement le plus grand service et que nous n'avons pas, c'est un marché à terme des changes. Cela existe en Chine et nous n'avons pas été capable de monter cela chez nous. Pourquoi ne vendrait-on pas à terme du change comme on vend du blé, du sucre ou du café ?

En toute matière, le marché à terme est nécessaire, car il permet de ne pas spéculer et de toujours avoir la contre-partie d'une opération de vente ou d'achat ; mais le marché à terme du change auquel nous n'avions aucune raison de penser autrefois, à la bienheureuse époque du *gold point*, est à l'heure qu'il est furieusement nécessaire.

Comment peut-on acheter une marchandise anglaise ou américaine, comment peut-on vendre en Angleterre en livres et aux États-Unis en dollars, si le change n'est pas assuré. Il en est de tous les pays comme de ceux que j'ai cités, que le change soit en hausse ou en baisse, ce qui est redoutable ce sont ses variations, et un marché à terme permettrait d'éviter les fâcheux effets de ces variations.

Le rôle des banquiers consiste bien à procurer du change, mais pour de petites sommes et des échéances courtes, et ils ne peuvent pas faire autrement, en l'état d'isolement des marchés financiers qui sont à la merci d'une grosse spéculation ou d'un déplacement de capitaux très normal à une époque où les milliards vont et viennent.

Un marché à terme du change, dans notre pays, qui n'est ni au sommet ni au plus profond des changes, pourrait centraliser les opérations de change de l'Europe et rendrait moins sensibles pour nous les variations. Le marché à terme a pour résultat de scruter les causes des fluctuations, de les prévoir et, dans une certaine mesure, d'en annuler ou d'en amortir les effets de telle façon qu'à des vagues de hausse et de baisse succèdent, quand le marché est en plein fonctionnement, de petites modifications de cours portant sur quelques points.

Qu'on laisse faire le commerce, et cette institution, que l'État n'a même pas été capable de concevoir, quand il avait le contrôle des changes, se réalisera à l'avantage de tous.

Le pays qui la réalisera le premier en retirera de gros bénéfices. Bâle, place financière internationale, retirait autant d'avantages, avant la guerre, de ses opérations bancaires européennes que de son industrie pourtant très florissante.

*
* *

Avec la liberté tous les développements sont possibles pour le commerce et son intérêt les rend certains. Avec des interdictions d'exportation édictées du jour au lendemain ; avec une simple possibilité d'interdiction qui impose au commerce de s'abstenir des opérations qui pourraient être arrêtées par une interdiction, personne ne fait rien et les intérêts qu'on a voulu sauvegarder souffrent par la loi de solidarité autant et plus que les autres.

Il faut voir le sans-gêne avec lequel on traite le commerce qui devrait être sacré aux agriculteurs dont il réalise les produits. On lit dans le *Journal officiel* du 1er octobre 1921, sous la simple rubrique : *Avis aux exportateurs*, cette décision du ministère de l'Agriculture.

« Les dérogations au décret du 12 juillet 1919, qui permettent la libre exportation de France, sans autorisation préalable, des produits ci-après énumérés cesseront d'être en vigueur le 1er octobre 1921. Suit l'énumération des produits :

    Avoine,
    haricots,
    son,
    pommes de terre. »

D'après ce document et c'est hélas la vérité, le

régime normal depuis le 12 juillet 1919, c'est-à-dire en pleine paix, est *l'interdiction d'exportation* et ce sont des dérogations, révocables par un simple avis, prenant fin le jour même où elles sont supprimées, qui permettent l'exportation !

Comment ne comprend-on pas qu'un tel régime est mortel pour le commerce d'exportation et pour les produits qu'il est censé protéger !

* *

Si les menaces de prohibition paralysent, à plus forte raison en est-il ainsi des projets de monopole.

Ils semblent bien loin, mais il faut se méfier. Le ministère de M. Klotz ne remonte pas à des temps antédiluviens et M. Klotz était un grand fauteur de monopole. Il l'était parce qu'à ce moment c'était la mode et, si cela redevient à la mode, les projets ne manqueront pas.

Au fond, les ministres ne sont pas pour grand chose dans ces projets, c'est l'administration qui les couve en tout temps et qui les sort au moment favorable. C'est d'elle qu'il faut se méfier.

L'Administration est, comme Ingres, qui voulait jouer du violon et comme Richelieu qui tenait à faire des vers, elle ne comprendra jamais sa radicale incompétence à gérer une entreprise, et toujours elle proposera de nouveaux monopoles qui passeront dans les faits si nous ne veillons pas au grain et si nous ne déclarons pas la guerre à cette spoliation.

Un simple petit article 4, inséré dans la loi de finances du 30 juin 1916, a institué en France un monopole, déguisé et restreint, mais tout de même un monopole des alcools. C'est une branche de l'administration des poudres, des poudres dont la fabrication en temps de paix n'exige pas un pareil luxe administratif, mais cette branche gourmande suffit à elle seule à maintenir en plein fonctionnement toute une organisation aujourd'hui anachronique. Entre les intérêts opposés de la viticulture et de la distillerie, l'administration louvoie pour maintenir son monopole. Voilà cinq ans que cela lui réussit, et qui sait combien de temps encore durera ce provisoire !

Prenons donc garde et veillons à ce qu'on abolisse et pour toujours les projets de monopole des pétroles, des assurances, des sucres, et aussi de l'alcool.

Si nous voulons redresser notre situation financière il faut rendre à l'industrie privée les actuels monopoles d'Etat, par conséquent il ne faut pas réduire à l'état de loque économique, dans lequel nous prendrons les entreprises d'état, les importantes opérations qui se font sur les assurances, les sucres et demain sur les essences, etc...

D'ailleurs rien ne prévaut contre un fait. Au moment où j'écris (octobre 1921) le bidon d'essence vaut 4 francs en Belgique et 9 fr. 50 en France, parce que l'État s'est occupé d'essences, et il en sera ainsi tant qu'il ne lâchera pas absolument et radicalement cet article. Et un écart de ce genre qui rendrait milliardaire, dans un temps très court, un particulier n'a aucune influence sur les finances de l'État. Voir comptes spéciaux. Que l'initiative privée reprenne la gestion des tabacs et des postes, télégraphes et téléphones, et je serai bien tranquille, les résultats qu'elle obtiendra feront rentrer sous terre les fauteurs de monopoles.

*
* *

Les exagérations de taxe nuisent autant que les prohibitions.

A la faveur de la guerre les tempérants s'en sont donnés à cœur joie de prohibitions partielles des boissons alcooliques et de folles exagérations de droits.

Tout cela n'a pas été sans aider au mouvement prohibitionniste anglo-saxon contre lequel nous protestons, mais sans efficacité, je dirai même sans droits, puisque nous avons donné le signal des restrictions.

Au fond, la différence qu'il y a entre les pays secs et les pays normaux, c'est que, chez les derniers, les liquides alcooliques se boivent en plein jour et dans des locaux appropriés ; tandis que, chez les premiers, on les consomme dans les sous-sols ou dans les arrière-boutiques des pharmaciens ; mais cela regarde les prohibitionnistes et je ne m'occupe que de ce qui nous concerne, nous, Français.

Nos prohibitions de la guerre ont eu pour effet le plus clair, dans le civil, de faire servir au restaurant, dans des tasses à café, et non plus dans des verres, les liqueurs ou le cognac prohibés. Aujourd'hui c'est sur le terrain de l'exagération des droits que les tempérants se sont à peu près cantonnés.

Le deuxième effet ne sera pas meilleur que le premier.

Certes l'alcoolisme est ignoble, et il assassine la race, mais il est justiciable de tout autres mesures. Dans le Midi on n'est pas alcoolique ; et on est susceptible de le devenir dans le Nord. Donnez dans le Nord par d'autres moyens la sensation de chaleur que les buveurs demandent à l'alcool et on boira bien moins.

Le Français est buveur et il est modéré dans la consommation de l'alcool. La plus grande partie de l'alcool destiné à la consommation de bouche passe à la mise en conserves de cerises, à la fabrication des innombrables élixirs locaux, des arquebuses, vulnéraires, et autres préparations relevant de la recette de cuisine et au fond très appréciables par leurs effets. Vous n'empêcherez pas le Français de boire et il vous est bien facile de seconder son penchant à la modération de la consommation de l'alcool.

Vous pensez l'avoir fait par l'exagération des droits, mais demain, par un nouvel acte de cratolatrie, le privilège des bouilleurs de cru sera peut-être rétabli — qui peut affirmer que cette suprême folie ne sera pas commise par un Parlement à genoux devant l'agriculture — et le droit exagéré poussera au développement de l'alcoolisme, dans toute la proportion de son exagération !

Qui s'est opposé au privilège des bouilleurs de cru? Le commerce ou les tempérants? Le commerce toujours, les tempérants, quand cela secondait leur action.

L'exagération des droits sur l'alcool nuit à de très nombreuses industries très françaises. A la parfumerie par exemple, qui ne peut pas payer des droits de 12 fr. 50 par litre et par 100 degrés sur la matière première de l'eau de Cologne, et qui abaisse constamment la force alcoolique de ses préparations.

La liberté, la liberté vous dis-je, pour le commerce intérieur, la liberté et la modération dans les taxes.

*
* *

Il y a aussi une autre condition essentielle de développement du commerce, c'est-à-dire de la production et de la consommation, c'est la facilité des transports, le bon marché et la rapidité des communications.

Les transports sont le système circulatoire du pays : quand ils se ralentissent, c'est l'artériosclérose ; et, quand ils s'arrêtent, c'est l'embolie.

Sans des transports actifs, réguliers, ingénieux, gravissant les monts, descendant au fond des vallées, se détournant de façon à aller chercher dans ses sièges d'exploitation l'industrie, elle-même dominée dans ses choix par la nécessité de rester dans le voisinage d'une mine ou d'une chute d'eau, il n'y a aucune exploitation possible, ni agricole ni industrielle ; il n'y a pas de tourisme.

Malheureusement l'administration, le Gouvernement et après eux le Parlement confondent *transports* avec *chemin de fer*. Ce sont deux choses tout à fait différentes.

Faisons tout pour aider à la convalescence, puis au rétablissement des chemins de fer ; mais n'oublions pas que c'est un compartiment et aujourd'hui un relativement faible compartiment de l'ensemble des transports. N'oublions surtout pas qu'aucun réseau n'a jamais été aussi prospère que celui du Nord, et que cela était dû autant à la collaboration des transports par canaux de la région desservie, qu'à sa situation industrielle et minière.

Les transports se font la guerre, et ils sont en réalité solidaires les uns des autres.

Aucun ne peut obtenir son plein développement sans que cela profite au moyen [de transport concurrent. Il en est des transports comme il en a été du cierge, de la bougie, du gaz, du pétrole et de l'électricité. Chacun de ces moyens d'éclairage devait supprimer l'autre. L'éclosion de chacun a eu sur les systèmes précédents un effet de développement; plus il y a de combinaisons d'éclairage, plus il y a de consommateurs et mieux chaque entreprise, en temps normal bien entendu, fait ses affaires.

De même pour les transports. Plus les canaux travaillent, plus travaillent les chemins de fer, pour lesquels cela entraîne des transports complémentaires, soit en trajet, soit en articles d'assortiment. Une grande activité dans les transports fluviaux développe les transports côtiers avec transbordements, ou directs par le passage des chalands de mer à la rivière.

Dans cet ordre d'idée, faisons tout pour faciliter les transports par eau et tout pour faciliter les transports par route, dont l'État a l'air de complètement se désintéresser.

Dans le carburant national, il voit une satisfaction à donner à la viticulture, mais ce qui devrait dominer la question c'est d'avoir à bon marché un propulseur puissant pour les camions et pour les autos.

L'État dit garder la main, pendant un certain temps, sur les essences, pour récupérer une perte ; il devrait dire pour la doubler, car tout ce que cette cherté de l'agent d'énergie empêche de transporter constitue une nouvelle perte pour le pays, une perte immédiate, et lorsqu'il s'agit de denrées agricoles, ou servant à l'agriculture, une perte à longues répercussions.

Comprenons donc que si la campagne n'a pas à temps ses fertilisants, son soufre, son matériel agricole, elle ne produit pas ; si elle n'a pas le moyen d'évacuer ses primeurs, au moment où elles ont leur pleine valeur, elle renoncera à en faire. Si le fabricant de machines agricoles ne reçoit pas ses tôles, ses aciers, il ne livrera pas les appareils. Si les semences ne circulent pas les ensemencements seront plus faibles.

Les transports développés donnent à l'activité économique une progression géométrique.

L'Etat s'occupe des routes quand il en a le temps. Il devrait les entretenir jalousement, heureux de les voir servir. Notre capital de routes nationales, départementales et communales, peut donner de très gros et immédiats intérêts s'il ne détraque pas les véhicules, s'il ne rebute pas les conducteurs, si les cahots qu'il impose aux cars et aux autos n'arrêtent pas les voyageurs.

Est-ce le chemin de fer qui a sauvé Verdun ? N'est-ce pas à la route et à l'automobile qu'on a dû de le ravitailler en hommes, en aliments et en munitions de façon à forcer la victoire ? Il s'agit maintenant d'un Verdun économique ; aucun moyen n'est à négliger, et il faut soigner la route commerciale du redressement comme on a soigné la route militaire aux grands jours de Verdun.

Le transport des voyageurs est aussi utile sinon plus que le transport des marchandises, car on ne peut pas transporter des voyageurs sans que cela engendre des transports de marchandises et sans en même temps véhiculer des idées.

Que l'État soigne ses routes, ce n'est pas là-dessus qu'il faut faire de la compression. Qu'il les fasse entretenir sous son contrôle par des entreprises privées, pour que le travail soit mieux fait et coûte moins, ce n'est pas moi qui y trouverai à redire, au contraire ; mais, même avec l'organisation actuelle, quoi que coûte l'entretien des routes, il faut le faire, cela rapportera plus encore que cela ne coûtera. Que l'État se serve de ses droits de tutelle vis-à-vis des départements et des communes pour obtenir d'eux qu'ils aient les mêmes soins de leurs routes. Ce sera de bonne besogne.

L'activité du commerce, secondée par celle des transports, peut produire des miracles.

A leur tour les transports doivent être secondés par la facilité des communications. Tout ce que l'État voit dans les P. T. T., c'est le moyen de distribuer des emplois, mais, sapristi ! ce qui est important, c'est de permettre aux gens de communiquer par lettre, par fil, sans fil, de communiquer rapidement et à bon marché, parce que sans communication il n'y a pas de production possible, pas de vente, pas d'exploitation. La T. S. F. permet de communiquer avec nos colonies, qu'attend-on pour en faire un usage intense et constant en France même.

*
* *

Le commerce extérieur peut se développer — et là au centuple — par les mêmes moyens de liberté.

Il serait désirable que les droits de douane fussent établis à des taux non prohibitifs, ne maintenant pas en France une cherté qui nous interdit une tant soit peu large exportation, mais c'est une question sur laquelle l'éducation de la nation est à faire. Le moment est d'ailleurs mal choisi pour défendre la thèse de la liberté des échanges. La commotion a été telle que des mesures extraordinaires peuvent se justifier.

Le consommateur qui est, somme toute, le nombre ne comprend pas encore qu'il aurait intérêt à modérer les fureurs douanières et il est le premier à faire chorus avec la viticulture, demandant une protection de 31 fr. 20 par hectolitre, et avec l'industriel réclamant des coefficients de jour en jour plus forts pour l'élévation des droits.

Un ouvrier fera grève pour une réduction de salaire de o fr. 50 par jour, mais jamais il ne se préoccupera d'un droit sur le blé qui lui fait payer o fr. 15 plus cher par kilogramme les 5 kilogrammes de pain qu'exigent quotidiennement sa nourriture et celle de sa famille. Le travailleur fait grève pour une perte de dix sous, mais il ne s'aperçoit même pas d'une perte de quinze sous, due à la protection. Comment s'insurger contre une *protection*? on lui est reconnaissant des intentions affichées par son titre, même quand elle confine à la folie, par son exagération, et que le résultat est la cherté et le chômage.

Le plus grand intéressé au libre échange est certainement l'ouvrier. Tout d'abord un abaissement du coût de la vie et une augmentation du prix de la journée sont des choses équivalentes ; mais la protection qui impose à l'ouvrier des dépenses au-dessus de ses moyens a pour effet fatal de préparer le chômage et par suite de réduire les salaires.

Quand un droit de douane élevé débarrasse la production nationale de la concurrence étrangère, la hausse ne se fait pas *ipso facto*. La production nationale travaillait par exemple pour un prix de quarante francs ; dorénavant la suppression de la concurrence étrangère lui permettra de monter à cinquante francs, mais cela ne peut pas se faire du jour au lendemain, ni sans entente.

Le demi-gros ne veut pas payer le prix de cinquante francs à la fabrique parce qu'il ne sait pas si ses clients accepteront l'équivalent. Le seul moyen pour l'industriel d'obtenir le prix de cin-

quante francs est d'arrêter ou de restreindre la
production jusqu'au jour où le détaillant, poussé
à acheter par ses clients, est sûr d'obtenir à la
vente l'équivalent de cinquante francs.

Après avoir restreint la production pour élever
les prix, il faudra la restreindre pour les maintenir. C'est le malthusianisme industriel fatal avec
tout son cortège de chômage et de marchandage
du prix de la journée, tandis que sous un régime
libre-échangiste où le producteur ne peut se rattraper des prix que lui impose la concurrence uni-
verselle que par le développement de la production,
l'ouvrier est assuré de travailler au plein et à
plein prix ; mais allez faire comprendre cela aux
ouvriers ! Il faudrait avoir pour truchement leurs
syndicats, or ceux-ci ne veulent à aucun prix d'un
ordre de choses qui, automatiquement, c'est-à-dire
sans leur intervention, assurerait aux ouvriers ce
qu'ils passent leur temps à leur promettre sans
avoir aucun moyen de le réaliser.

L'engouement des classes ouvrières pour la protection est un phénomène d'ignorance inexplica-
ble pour un intérêt aussi direct, mais nous ne
changerons pas les choses du jour au lendemain,
et c'est du jour au lendemain que la situation
financière nous oblige à développer le commerce.
Voyons donc ce qu'on pourrait faire pour donner plus d'activité au commerce extérieur.

Il va de soi qu'avec nos coefficients de droits
il faut renoncer à l'exportation, j'entends à une

exportation large et grandissante. Plus nous élevons le prix des produits chez nous, plus la vente en est difficile au dehors. Les coefficients de douane engendrent d'ailleurs l'abâtardissement du produit. Avec la cherté apparaît tout de suite la deuxième marque, la deuxième qualité, la deuxième zone, celle sur laquelle se rabat l'acheteur effrayé du prix de la première qualité. Au dehors il n'y a pas de droit de douane pour contraindre l'acheteur à faire des sacrifices sur la qualité...

Notre faible population ne nous permet pas d'envisager les cartels, répartissant en prime d'exportation les excédents de prix de vente obtenus à l'intérieur, puis ces sortes d'organisations exigeant le groupement ne nous plaisent pas. Notre esprit latin ne comprend pas que, quand un bénéfice est réalisé, celui qui a réussi à le faire ne le garde pas. En fait, les cartels n'ont jamais eu chez nous aucun succès. C'est bon pour les peuples grégaires.

La brutalité de nos mesures douanières crée au dehors contre nos produits une atmosphère d'hostilité hélas! très justifiée. Nos protectionnistes — et c'est la nation entière — disent le contraire; mais vous n'avez qu'à faire un voyage en Belgique, en Suisse, n'importe où, et vous verrez la différence entre les formalités, les précautions douanières, que vous rencontrerez à l'aller chez le voisin et au retour chez nous-mêmes.

C'est un côté de la question sur lequel les protectionnistes évitent de s'expliquer. Ils citent les chiffres du commerce extérieur prouvant par les ventes que des marchandises à nous sortent de la frontière, et ils affirment que nous ne manquons que de publicité et d'organisation des crédits à l'exportation pour faire bien plus.

Nos ventes à l'étranger sont un fait indéniable, mais si vous étudiez chaque courant d'exportation, à mesure qu'il se produit, vous voyez qu'il est accidentel ou qu'il porte sur un article d'assortiment, ou de peu de volume, qui n'alimente que faiblement les transports et qui dès lors va à son débouché définitif par la voie de l'étranger.

Il est certain que toutes les fois que nous avons un produit en surabondance nous le vendons à l'étranger, mais comme toute notre production est réglée pour éviter la surabondance, cette surabondance est un fait exceptionnel. Cependant les récoltes, malgré le plus sévère malthusianisme, peuvent constituer des excédents, et cela s'exporte. Un pays de production raffinée comme le nôtre se recommande à la gourmandise des consommateurs étrangers et nos vins, nos eaux-de-vie, nos liqueurs, nos champagnes, nos fromages, nos pruneaux ont leurs clients extérieurs. Il en est de même de nos objets de mode, de nos objets d'art et de nos fleurs.

En outre, des deux côtés de nos frontières sont des populations à goûts similaires, et tous les jours il se fait des échanges à travers ces frontières.

Voilà ce qui constitue notre exportation. Cela a toujours existé et existera toujours, mais je crois que la seule utilité de ce commerce est de permettre de s'illusionner aux fauteurs de protectionnisme et d'illusionner les masses. La grande exportation qui se fait à l'aide d'un produit universellement apprécié comme le café pour le Brésil, le charbon pour l'Angleterre, le coton pour les États-Unis, cela n'existe pas pour nous, qui cependant pourrions demander au vin le même service et toutes les combinaisons de publicité et de crédit ne nous feront pas vendre à l'étranger au double de sa valeur un produit artificiellement renchéri chez nous par les droits de douane.

Ceux qui y voient clair attendent de meilleurs jours pour le développement de l'exportation qui est cependant en définitive le seul moyen d'enrichir la nation — nous ne nous enrichissons pas en nous vendant à nous-mêmes — et envisagent en attendant les palliatifs.

Il y en a deux : le commerce colonial, la réexportation.

Le commerce colonial est aussi près que possible de l'exportation. Nos possessions ont des voisinages immédiats, des affinités ethniques telles avec de grands états étrangers que les plus violentes et les plus systématiques pressions n'ont jamais obtenu qu'une évolution insignifiante vers le nationalisme dans le commerce colonial.

En comprimant jusqu'à 50 pour 100 de son

volume le commerce d'une colonie par l'application du tarif général, nous sommes arrivés à faire tomber la proportion de ses commandes à l'étranger de 55 à 45 pour 100, c'est-à-dire que si cette colonie faisait autrefois cent millions de francs de commerce extérieur, sur lesquels elle achetait et vendait au dehors cinquante-cinq millions de francs ; lorsque nous l'avons soumise à un véritable régime de famine, par l'application du tarif général, ce qui a réduit son commerce total de cinquante millions, son commerce avec l'étranger est tombé à vingt-deux millions et demi, et son commerce avec la métropole que nous voulions favoriser à tout prix tombait de quarante-cinq millions de francs à vingt-sept millions et demi. Nous perdions dix-sept millions et demi de francs, en gagnant 10 pour 100, et c'était tout le résultat d'une compression systématique de vingt années[1]. Le voisinage, la communauté de races ont des effets d'autant plus sûrs qu'ils ne sont pas voulus.

Le commerce colonial a donc en première ligne l'avantage de nous conserver en matière de commerce extérieur *un brin de bon sens et de saine vue des choses*, en outre c'est l'exploitation d'un domaine à nous qui peut rendre ce que nous voudrons.

---

1. L'expérience a été faite avec nos anciennes colonies à qui des circonstances indépendantes du régime douanier ont ensuite permis de se relever, mais que l'application du tarif général a commencé par ruiner.

L'Amérique du Nord n'est-elle pas le grenier du monde aussi bien au Canada qu'aux États-Unis, chacun des deux pays agissant en proportion de sa population. Qu'était l'Amérique du Nord il y a un siècle et même moins, sinon un pays comparable aux plus neuves de nos colonies? Nous n'avons qu'à vouloir et nous ferons de nos colonies ce que les Américains du Nord ont fait du Canada, et des États où florissent New-York, Chicago, New-Orleans.

Je ne peux pas entrer dans le détail que l'immensité de notre domaine rendrait infini, et c'est inutile; pourtant il y a un point à signaler.

M. Albert Sarraut, ministre des Colonies, a rédigé un merveilleux programme de mise en valeur de nos possessions, et le budget devrait comprendre les quelque cent millions qui suffiraient à amorcer ce projet; mais ne nous y trompons pas, rien ne vaut pour le développement colonial l'action libre de nos colonies, de nos sociétés coloniales; qu'on ne les entrave pas, qu'on les appelle au Conseil lorsqu'il s'agit de mesures graves, qu'on suive à ce moment, autant que possible, leurs avis et tout ira bien.

Il ne faut pas non plus nous effrayer de l'afflux des étrangers dans nos colonies. Une colonie se peuple comme elle peut. Nous nous sommes plaints de la proportion de Boches que nous avions dans nos colonies au moment de la déclaration de guerre. Cela nous a gênés mais ne nous a pas nui, tandis que si l'élément étranger avait sévèrement été banni de nos colonies, elles ne seraient jamais sorties de la plus avilissante routine. Il faut de l'émulation, il faut de la concurrence.

Pour le commerce colonial, ce qui est proprement l'affaire de l'État c'est la question des transports, des transports vers les colonies, des transports des colonies vers la métropole ; des transports dans la colonie, par fer, par eau, par avion ; le raccordement dans les ports coloniaux du moyen de transport local au moyen de transport vers la métropole à l'aide de rades, ports, wharfs, engins de manutention, et enfin la question des communications par poste, par télégraphe avec ou sans fil, ce qui, actuellement, nous manque beaucoup. Il faut, à certains moments, quinze jours pour correspondre télégraphiquement avec une colonie, et on ne se figure pas, en l'état d'instabilité actuelle des cours, quel trouble apportent dans les transactions d'aussi énormes retards dans les communications.

En dehors de ces obligations, qui suffisent pour absorber tout ce qu'il y a de disponible comme activité, que l'État laisse faire ! L'essentiel pour lui est de ne pas apporter d'entraves dans ces questions, au nom d'intérêts particuliers qu'il prend de loin pour des intérêts généraux. En matière de transports par mer, par exemple, il est évident que l'intérêt des fonctionnaires voulant du confort à bord et de la vitesse, sans payer ces avantages, est opposé à l'intérêt du commerce qui veut avoir des cargos à fret réduit et tout au plus des paquebots mixtes.

L'État a à assurer les communications coloniales et il a aussi à négocier avec les États voisins de nos colonies, ce qu'il ne fait jamais ; les questions n'étant résolues que lorsque l'initiative de nos adversaires les fait résoudre. Les Nouvelles Hébrides offrent malheureusement en ce moment un exemple de cette inertie. L'Australie, la Nouvelle Zélande réclament ce groupe d'îles sur lequel la légitimité de notre domination est incontestable, et c'est à peine si nous répondons.

En matière douanière, l'État a à ménager les intérêts de nos colonies, très souvent différents de ceux de la métropole. Il est évident que l'Indo-Chine qui fait les trois quarts de son commerce de riz avec l'Extrême-Orient n'est pas vis-à-vis de ces régions dans la même situation que nous, et qu'elle seule est placée pour suggérer des solutions. C'est l'évidence même, et cependant cela a été très difficile à faire admettre.

« Que chacun fasse son métier et les vaches seront bien gardées » mais le plus difficile avec l'État c'est qu'il fasse tout son métier et qu'il ne fasse que son métier.

*
* *

Le commerce distribue des substances qu'il ne

produit pas, et le commerce de réexportation répartit à l'étranger des denrées, des objets créés à l'étranger.

Il y a pour pas mal de matières des étrangers consommateurs qui ne sont pas les mêmes que les étrangers producteurs, et l'on peut très honnêtement gagner sa vie en vendant aux uns les produits des autres. D'ailleurs, l'étranger ne s'étant pas encore asservi à notre stupide règle de conduite de *tout* vouloir produire, même ce que nous aurions intérêt à acheter tout fait, est toujours producteur de quelque chose et consommateur d'autre chose, et, avec les mêmes peuples, on peut faire de la réexportation dans les deux sens. A chacun on peut acheter quelque chose et vendre autre chose.

Nos qualités de souplesse et d'honnêteté, jointes à notre prestige actuel, nous désignent particulièrement pour ces opérations, que notre pays est géographiquement on ne peut mieux placé pour effectuer.

Considérez, sur une carte, la situation de la France, entre l'Espagne et le Portugal d'un côté et la Suisse, la Belgique, la Hollande et l'Allemagne de l'autre; entre le Royaume-Uni dans un autre sens, et à l'opposé l'Italie et la péninsule balkanique.

Prolongez les pays voisins et vous verrez que, tant que l'Europe conservera son rôle économique universel, les quatre branches de l'X, qui se croisent en France, mèneront dans le monde entier : Amérique du Nord prolongement des Iles Britanniques ; Afrique et Amérique du Sud prolongement géographique de l'Espagne et du Portugal ; Europe Septentrionale, prolongement de la Belgique et de la Suisse ; Asie prolongement géographique et un peu économique de l'Italie.

Les marchandises étrangères traversent forcément notre pays, et nous sommes la nation européenne dont le commerce général est le plus élevé par rapport au commerce spécial ; c'est-à-dire celle où le transit des marchandises qui ressortent donne lieu aux plus grosses opérations par rapport à celles que le pays reçoit pour sa propre et définitive consommation.

Ces marchandises étrangères, devons-nous les laisser passer en wagons plombés, en vase clos, sans bénéfice pour nous, ou devons-nous seconder un mouvement naturel, nous faire les pourvoyeurs des étrangers, qui ont besoin de marchandises ; les acquéreurs des étrangers vendeurs ; et tâcher de manipuler le plus possible, au passage par la France, les marchandises étrangères allant à l'étranger, de façon à donner à ces marchandises notre cachet, à nous les approprier en quelque sorte de façon à nous les faire redemander, de façon à y incorporer le plus possible de travail français, et même de marchandises françaises, c'est-à-dire de manière à en tirer le maximum de profit ?

La réponse n'est pas douteuse lorsqu'elle est posée à des gens exempts de préjugés. Elle n'a jamais été posée qu'à des agriculteurs, hors d'état d'en connaître les éléments et qui n'avaient en tête qu'une idée qu'on pouvait ainsi formuler : « Tout ce que l'étranger prendra de produits étrangers, il ne me le prendra pas à moi » : et en dehors des agriculteurs cette question n'a été posée qu'à des professeurs, des journalistes, des administrateurs qui, en pareille matière, sont toujours de l'avis de la majorité.

La question s'est posée pour la réforme des entrepôts, pour la création de zones franches, et chaque fois le bon sens a fait son œuvre auprès des promoteurs de la question, mais jusqu'au point où intervient la cratolatrie. Se mettre mal avec l'agriculture pour rendre service au pays, pour rendre service à l'agriculture malgré elle ? Jamais de la vie ! A nous les victoires faciles et les défaites profitables !

Je dis, pour rendre service à l'agriculture malgré elle, car rien n'est plus faux que le raisonnement : « tout ce que l'étranger prendra de produits étrangers, il ne me le prendra pas, à moi. »

Ce raisonnement est démontré faux par l'expérience, il faut accoutumer le client au vendeur et au produit, et ce n'est qu'après avoir triomphé de ses résistances dans les deux sens que vous le tenez vraiment.

Pour l'accoutumer au vendeur il faut que le

vendeur lui offre plusieurs produits et plusieurs prix.

Il faut aussi que le vendeur offre des prix raisonnables. Or le système actuel, faisant la guerre aux échanges avec l'extérieur, nous handicape irrémédiablement en nous condamnant, pour bien des produits, à faire payer un double fret à l'acquéreur.

Si un navire trouve un chargement pour venir en France et un chargement pour en sortir , ses dépenses se répartissent sur les deux voyages, aller et retour : mais s'il faut qu'il vienne à vide prendre la marchandise à exporter, ou qu'il aille à vide prendre la marchandise dont nous avons besoin, la marchandise qu'il porte à l'un des deux voyages est grevée de deux frets, ce qui n'existe pas pour les peuples à transactions extérieures intenses, et ce qui devrait encore moins exister chez nous qu'ailleurs à cause de notre position géographique exceptionnellement favorable. Nous supportons en France cette surcharge parce que les droits de douane n'ont qu'à monter d'un cran pour nous y contraindre, mais hors de France ce supplément de coût nous handicape et si nous voulons avoir des chances au dehors, pour la réexportation, il faut que nous nous débrouillions à éviter les mouvements à vide des navires faisant le trafic.

Revenons au raisonnement de l'agriculture. Elle est dans la situation d'un cheval à œillère qui croit que la route n'a pas de côtés parce qu'il ne les voit pas, mais se figure-t-elle que, pour lui faire plaisir, l'étranger se prive des produits de l'étranger ? La France ne les propose pas, elle n'a pas le bénéfice de la réexportation, elle perd le contact avec les clients étrangers et la marchandise passe à travers notre territoire dans des wagons plombés, ce qui n'a rien de réjouissant ; mais le trafic se fait quand même et se fait contre nous tandis qu'il pourrait se faire par nous et, en définitive, pour nous.

Il n'y a pas que l'agriculture qui s'oppose aux combinaisons de réexportation, il y a l'industrie que je mets à part, parce qu'elle ne pèche pas par ignorance, mais consciemment.

L'industrie sait bien que des combinaisons d'entrepôt ou de zones franches la mettraient en contact avec la concurrence mondiale et que cette concurrence mondiale, salut des industries essentielles, forcément peu nombreuses, ne pourrait pas être supportée par les industries parasitaires, nées de la protection et uniquement soutenues par la protection.

Le salut pour les industries essentielles serait peut-être acheté au prix d'une crise de réfection des outillages, et il est si commode de vivre avec un matériel défectueux, à l'abri d'un bon droit, et en restreignant la production quand la consommation regimbe !

Ce sont ces considérations qui rallient l'industrie à la thèse de l'agriculture : Foin des nouveautés !

La coalition de l'agriculture et de l'industrie s'oppose à ce que la France fasse quoi que ce soit pour bénéficier de la réexportation, et voilà comment, asservis à la routine, nous perdons d'abord des millions à ne pas faire de la réexportation, et ensuite des milliards par l'essor comprimé, empêché, de notre agriculture et de notre industrie.

*\
* *

Une branche d'industrie tangente à l'exportation est le Tourisme, qui nous permet, en vendant aux étrangers, de faire de l'exportation sur place.

Il appartient aux pouvoirs publics, aux associations *ad hoc*, aux entreprises de transport, aux populations des sites célèbres, des villes d'eaux, des stations de mer ou de montagne, de tout faire pour attirer l'étranger qui dépense chez nous son argent, qui, à l'aspect de la cathédrale de Reims ou de nos villes détruites du Nord, se rend compte de ce que nous avons souffert, qui apprend à nous connaître en nous voyant chez nous et qui contracte le goût de nos productions en dégustant nos vins à Bordeaux et en Bourgogne, en s'habillant rue de la Paix et en fréquentant nos théâtres et nos restaurants.

Nos hôtes vivent chez nous, achètent chez nous et il faudrait tout faire pour les attirer. Les folles taxations à l'encontre de l'hôtellerie, industrie que la Suisse soutient de ses deniers, les vexations pour les places de luxe dans les trains, les cahots d'une route mal entretenue sont des crimes de lèse-nation, s'ils écartent un seul étranger qui nous apporte des livres sterling, des dollars, des douros, en échange de nos marchandises vendues sans publicité et sans crédit.

Développons l'ensemble de nos affaires, le commerce marchera mieux, l'agriculture vendra ses produits, l'industrie aussi, les taxes rentreront facilement et la solution de la question financière aura fait un grand pas.

CHAPITRE XXII

TABACS

Voilà une exploitation au sujet de laquelle l'État épaissit de son mieux les ténèbres comptables.

Il est très difficile d'établir ce que coûte l'exploitation du monopole des tabacs en personnel, en achat de marchandises, et en transports.

Il semble que l'évaluation des recettes, pour 1922, de 1 760 911 000 francs pour tabacs, briquets et allumettes, ait pour contre-partie neuf cent soixante-dix millions d'achats de marchandises, de transports et de frais d'administration.

En pareil cas, le rendement net serait d'environ 800 millions.

Que représentent là-dessus les allumettes ? Elles sont bien évaluées comme produit à 115 866 000 francs pour 1922, mais que coûtent-elles ?

On a à plusieurs reprises constaté que, si l'État, au lieu de fabriquer des allumettes, les achetait toutes faites au dehors, il y gagnerait beaucoup. En fait je crois que cela s'est pratiqué et que l'État, en gardant ouvertes ses manufactures et ne les faisant travailler qu'en apparence pour ne renvoyer personne, a trouvé intérêt à importer la plus grande partie de ce qui alimentait ses ventes. Le monopole des allumettes, isolé de celui des tabacs, serait franchement déficitaire que cela ne m'étonnerait pas autrement.

Mais cela n'a pas une grande importance, si l'on s'occupe des tabacs et des allumettes ensemble.

Donc c'est pour un produit net d'environ 800 millions que l'État monopolise le tabac et les allumettes, qu'il met la France hors d'état de prendre part, en ces matières, au commerce d'exportation, qu'il crée avec l'Alsace et la Lorraine une disparité choquante dans laquelle, d'ailleurs, c'est l'Alsace et la Lorraine, avec leur liberté de vente, sinon de fabriquer qui ont raison ; vraiment le jeu n'en vaut pas la chandelle et je ne comprends pas, qu'à un moment où l'on demande à tous les citoyens français d'accepter une charge d'impôt qui les dépouille rapidement de leur patrimoine, comme la taxe de 50 pour 100 de l'impôt global pour un revenu de plus de 550000 francs, l'État ne donne pas l'exemple et qu'il passe à côté de la possibilité d'un bénéfice supplémentaire de trois milliards sans rien faire pour le réaliser, et cela par simple routine, pour ne pas lâcher ce qu'il tient. L'État nous convie tout le temps au devoir fiscal. Il faudrait qu'il comprît le sien, qui est de ne reculer devant rien pour développer les recettes.

On a parlé, au cours de l'année 1920, d'offres qui auraient été faites par un groupe d'Américains de verser à la France soixante milliards, pour être subrogé aux droits de l'État et exercer son monopole des tabacs et des allumettes. On a même dit qu'il s'agissait de quarante milliards pour les tabacs, et de vingt milliards pour les allumettes.

Quelle confiance faut-il faire à ces chiffres ? Un groupe d'Américains en nous faisant ces offres n'escomptait-il pas une amélioration du change, par le fait d'une forte compensation avec notre dette extérieure ? La ventilation entre la valeur du monopole des allumettes et celle du monopole des tabacs est-elle conforme à l'indication donnée ? Toutes questions auxquelles on ne saurait répondre avec certitude mais, par contre, ce qu'on peut assurer, c'est qu'en dépit de toutes les dénégations officielles embarrassées, une combinaison d'achat du monopole des tabacs et des allumettes pour la somme globale indiquée a été envisagée, et serait allée jusqu'à la proposition ferme si les auteurs de la combinaison avaient été encouragés à la produire.

Qu'on l'ait écartée, je le comprends, car il y a quelque chose de déplaisant à créer chez soi une *ferme* au profit d'un étranger. Qu'il réussisse ou qu'il se ruine, un certain nombre de questions sont posées, d'un caractère international embarrassant, mais qu'au lendemain de cette offre on ne se soit pas dit que soixante milliards représentent pour des Américains, entre intérêt de l'argent et bénéfice escompté, six milliards de profit annuel et qu'il valait la peine de rechercher dans quelle mesure et par quel moyen ce bénéfice était réalisable, cela est inouï. Cela est encore plus fou aujourd'hui, en l'état bien plus délabré qu'il y a deux ans de nos finances, et ne s'explique que par nos dispositions cratolatriques. Les intéressés au système actuel sont légion ; ne touchons pas, même en pensée, au système actuel.

Nous ne sommes cependant pas moins capables que des Américains d'administrer une grosse affaire. Ce que des Américains auraient pu faire, nous le pouvons !

Donc l'administration avait le devoir de creuser l'offre faite, ou murmurée ; de la rendre publique, de voir, à l'occasion des polémiques ou études auxquelles cette publication aurait donné lieu, ce qu'on pouvait vraiment attendre d'une combinaison de ce genre et en retenir le principe, au cas où, des études faites, il serait ressorti que le bénéfice envisagé était intéressant.

A priori, on peut toujours admettre qu'il est facile de *quintupler* un résultat commercial obtenu par l'administration ; mais quand, en étudiant l'opération elle-même, on voit l'Etat dégoûter, par ses exigences formalistes, les cultivateurs français, de la production, pourtant extrêmement lucrative, du tabac, ne donner aucune utilisation à des sortes coloniales très recherchées dans chacune des possessions qui les produisent, ne faire que des cigarettes infumables, localiser la vente dans des débits spéciaux, tracasser tous ceux qui, en utilisant le tabac de la régie pour des manipulations, sont ses collaborateurs, on admet parfaitement qu'un gaspillage des neuf dixièmes du bénéfice à réaliser soit permanent.

Se rappelle-t-on le caractère grotesque de la situation maintenue pendant toute la guerre par l'incurie de la régie? Nous refusions du tabac à des étrangers qui offraient de nous en prendre à tout prix, nous maintenions l'ordre aux abords des débits de tabac, avec des forces de police qui auraient eu ailleurs un meilleur emploi ; et, pendant ce temps, ce produit que l'administration n'arrivait pas à se procurer *courait les rues* en sortes et marques étrangères. La France aurait pu pendant la guerre alimenter, à prix fort, en tabac produit dans nos campagnes, tous les étrangers qui vivaient sur son territoire et elle a, tout au contraire, obligé ces étrangers à importer comme ils pouvaient des qualités et des marques étrangères de tabac et de cigarettes, afin qu'il fût bien démontré que le tour de force que ne pouvait arriver à accomplir la régie, armée de toutes les forces gouvernementales, était tous les jours réalisé, dans les restaurants, par les maîtres d'hôtel et même par tous les garçons !

Un homme d'affaire ne peut manquer d'apprécier qu'une entreprise aussi mal gérée que celle des tabacs et des allumettes en France pourrait donner dix fois plus qu'elle ne donne entre des mains, non pas parfaitement, mais même moyennement expertes.

Mais il n'est pas nécessaire de concevoir de pareils espoirs pour tenter l'aventure. Il suffirait que la remise du monopole du tabac entre les mains de l'industrie privée pût permettre d'en doubler le rendement pour qu'on dût le faire aussitôt dans la période de difficulté financière actuelle.

Si quelqu'un doute qu'une exploitation d'État entre des mains privées doive au moins doubler de rendement, qu'on le signale ! Il est mûr pour les petites maisons !

Se rend-on compte de la différence qu'il y a entre un service d'État ne payant aucun impôt et une exploitation privée qui les assume tous ? Trois milliards de rendement commenceraient par assurer à l'État en timbres, en patentes, en impôt sur le chiffre d'affaires, en impôt sur les valeurs mobilières cinq à six cents millions qu'il ne touche actuellement pas.

De plus une société privée serait astreinte ou amenée à acheter en France la plus grande partie de ses produits. La Régie n'a jamais traité qu'à Hambourg !

Mais revenons au décompte du produit net.

La vérité est entre le doublement et le décuplement du rendement actuel; elle doit être très voisine du chiffre de trois milliards auquel on arriverait dans un temps très rapide et qui procurerait à l'État, en outre des divers impôts payés, deux gros milliards de plus que ce qu'il touche actuellement, en attendant que ces deux gros milliards se métamorphosent en quatre et au delà.

Vous ne pouvez pas faire deux pas à Genève, à Lausanne, dans toutes les villes suisses, sans trouver des magasins vendant du tabac, et ces magasins n'existeraient pas s'ils ne gagnaient pas de l'argent.

L'ingéniosité qui incite aux achats a fait créer de petits étuis en papier plié qui conservent admirablement les cigares.

Pour un paquet de cigarettes de douze sous, on vous fait cadeau, à titre de prime, d'une boîte d'allumettes, et d'une boîte d'allumettes qui s'enflamment !

Ceci est la part du public dans le retour à l'industrie privée d'un monopole d'État : des soins, des prévenances, des facilités d'achat, des qualités soignées, des marchandises bien présentées, une prime par-dessus le marché !

Nous qui recevons pour quatre sous une boîte d'allumettes depuis longtemps dépourvue de tout cachet de garantie, contenant un nombre d'allumettes variant à chaque boîte, dont chaque allumette s'éteint après avoir déposé sur les doigts du fumeur le phosphore incandescent, lequel ne brûle que là, nous pourrions avoir un grand choix de cigares, n'importe où, au bazar, au café et même aux débits, nous pourrions avoir des allumettes inflammables et même les recevoir en cadeau et tout de même le monopole privé des tabacs et des allumettes gagnerait beaucoup d'argent !

Si le public ne pose pas la question et ne la pose pas sans se lasser jusqu'à ce qu'elle soit résolue, c'est qu'il lui est égal de payer deux ou trois milliards de plus d'impôts, et c'est son affaire ; mais alors qu'il paie et ne se plaigne pas.

S'il pose la question, on lui servira les thèmes éternels que tous les monopoles sont haïssables (ce qui est vrai), que les monopoles d'État le sont moins que les autres (ce qui est tout à fait faux), que le monopole des tabacs, aujourd'hui séculaire, ne gêne la nation qu'au minimum (ce qui est faux, archi-faux) ; enfin on lui opposera le silence, qui est la plus grande force de l'administration, et il lui faudra beaucoup d'énergie et de persévérance pour que cette discussion arrive à son terme qui est d'arracher aux incapables mains de l'État une affaire susceptible de donner, entre les mains de n'importe qui, un rendement de deux à dix fois supérieur.

Mais si, en cours de route, on bifurquait vers la liberté? Si on admettait que, pourvu que tous ceux qui voudraient fabriquer du tabac, des cigarettes ou des allumettes, se soumettent à une surveillance rigoureuse et à verser à l'État une somme équivalente à ce qu'il touche ramenée à l'unité du cigare, du kilo de tabac et de la boîte d'allumettes, je n'y trouverais que des avantages, à la fois pour le rendement qui croîtrait avec la quantité que manipuleraient les exploitants et aussi par le développement des affaires, en tabac, sur notre territoire, et, au dehors, par l'exportation enfin rétablie des produits que le monopole excluait de l'exportation.

Tout le monde est en ce moment admis, moyennant des formalités spéciales et l'assujettissement à un contrôle efficace, à manipuler de l'alcool, grevé d'une taxe équivalente à celle de l'impôt sur le tabac, et cela se fait sans abus.

On sera peut-être étonné que je n'étudie pas ici un projet de régie intéressée, ce qui est en ce moment la *tarte à la crème* administrative et économique, mais je me garderais bien de me lancer dans cette oiseuse étude; qu'on adopte la formule qu'on voudra et surtout celle qu'on pourra, mais qu'on mette un terme à l'exploitation scandaleuse d'un monopole qui ne tire qu'un revenu insignifiant d'un formidable moyen de rentrées, et qu'on donne enfin une sanction à la monumentale incapacité dont l'administration des tabacs a fourni au cours de la guerre une démonstration qui emporte la conviction !

On aurait fumé à ce moment des feuilles de platane roulées si l'administration avait consenti à en fournir, et cette administration n'a pas trouvé le moyen de se procurer une marchandise qui, à l'état de plante, vient partout en France, en Algérie et dans nos colonies, et que les navigateurs importaient tous les jours en fraude à son nez et à sa barbe et malgré toutes les surveillances et les entraves.

Dire qu'en comparant les deux rôles joués par la Régie et les fraudeurs des tabacs pendant la guerre, on est obligé de constater qu'à ce moment-là c'étaient les fraudeurs qui rendaient service à la nation.

CHAPITRE XXIII

POSTES, TÉLÉGRAPHES, TÉLÉPHONES

Si obscurs que soient les comptes de la régie des tabacs et des allumettes, ils sont la limpidité même par rapport à ceux des postes, télégraphes et téléphones.

M. Donner, le ministre actuel des finances disait, dans son rapport de 1920, sur le projet de loi relativement au relèvement des taxes :

« Le déficit est, en nombre rond, de 744 millions. On constate ce chiffre et on n'a pas absolument tort, si l'on veut dire qu'on ne peut le fixer à quelques millions, même à quelques dizaines de millions près. »

Nous n'avons pas les moyens de continuer en ce moment à subir les conséquences d'une pareille incurie !

Les postes, télégraphes et téléphones n'ont pas été établis pour fournir des emplois à un certain nombre de citoyens, mais pour rendre au meilleur marché possible des services indispensables au commerce, à l'industrie, à l'agriculture, en définitive au public.

L'État s'est montré là comme partout d'une incapacité progressive. Qu'attendons-nous pour lui signifier son congé et pour mettre l'administration privée, ou les trois administrations privées qu'on peut charger de la gestion de ces trois services, à la place de l'État gaspilleur ?

Il serait oiseux de faire ici le procès de l'administration des postes, télégraphes et téléphones. Il est instruit depuis longtemps et tout le monde est d'accord sur les vices de cette exploitation[1]. On manque seulement de courage pour proposer nettement et immédiatement le seul remède sur lequel tout le monde est au fond d'accord, la remise entre les mains de l'initiative privée d'un service peu à peu mis à mal par l'État.

Si, en 1889, l'État a racheté la Société des téléphones, c'est parce qu'elle gagnait de l'argent.

Aux États-Unis, on compte un abonné par 8 habitants, et le téléphone est aux mains, dans chaque ville, de compagnies privées. En France, il n'y a qu'un abonné pour 143 habitants. Dix puissances marquent les paliers de cette différence. La France est la onzième !

Les lignes télégraphiques sont aussi entre les mains de compagnies privées aux États-Unis.

---

1. J'ai à rendre hommage à cet égard à deux excellents rapports, l'un à la Chambre de Commerce de Marseille, de mon ancien collègue et ami M. Edgard David (qui a étudié la question entière) et l'autre à la Société pour la défense du commerce de Marseille, de mon vieil ami M. Eugène Guibal, qui s'est limité aux téléphones.

En France, le déficit du téléphone seul est évalué pour l'année actuelle à 220 millions.

Les chiffres officiels du budget de 1922 sont les suivants :

Recettes : 1 088 841 900 francs.

Dépenses : 1 281 932 976 francs.

On envisage donc un déficit de 192 091 075 francs, mais cet optimisme est démenti par les événements. Les chiffres officiels de 1921 subissent déjà au 31 août 1921 un déficit de 92 995 000 francs pour les huit premiers mois de cet exercice et des crédits additionnels seront sûrement demandés.

En 1922 comme en 1920, le déficit, malgré toutes les exagérations de taxes postales, atteindra encore un demi-milliard. Où allons-nous ? Les gérants responsables du service des P. T. T. sont les premiers à reconnaître ses défectuosités dues à l'impossibilité, pour l'État, de suivre les progrès. M. Louis Deschamps, alors sous-secrétaire d'État, évaluait, en mai 1920, à quinze cents millions et aujourd'hui à deux milliards minimum, rien que pour le téléphone, ce qu'il serait urgent de dépenser pour que le public pût avoir satisfaction. Or l'État, ne joignant pas les deux bouts dans la simple exploitation, comment espérer qu'il se décidera à faire de pareilles dépenses, et, s'il les faisait, à quoi cela servirait-il, mon Dieu ! Les instruments perfectionnés ne doivent pas être menés par un incapable.

De 1914 à 1920, en 6 ans, le déficit progressif

des P. T. T. s'est élevé à 1915 millions de
francs ; à la fin de 1922, le total des 8 exercices
atteindra trois milliards.

D'autre part, nous sommes arrivés à la limite
des augmentations de tarifs postaux, télégraphiques et téléphoniques. Ceux existant grèvent les
affaires d'une façon tout à fait exagérée et le rendement de pareilles taxes, handicapant les communications, ne peut que décroître.

Dans ces conditions, les discussions entre par-
tisans des budgets autonomes, annexe, annexe-
mixte deviennent tout à fait académiques. Depuis
cinq ans, on fait des projets ; M. Clémentel, alors
ministre du Commerce, a commencé en 1917 ;
MM. Le Trocquer, ministre des Travaux publics
et François Marsal, alors ministre des Finances,
ont continué le 27 février 1920 ; MM. Jean Mail-
lard, Georges Bureau et Nivelle ont déposé un
contre-projet. Tout cela tend à une autonomie
financière et à une industrialisation qui ne se
produiront que si, une bonne fois pour toutes,
ce service est arraché aux griffes de l'État.

Tout de même, les opérations que fait la Banque
de France sont autrement délicates et portent
sur d'autres sommes que celles des P. T. T.
Administrer le crédit est l'affaire d'un banquier,
porter des lettres c'est le travail d'un décrotteur-
commissionnaire. Pourquoi la Banque de France
peut-elle être une compagnie privée et les
P. T. T. non ? Personne ne peut le comprendre.

Le jour où une affaire est entre les mains d'une compagnie privée, l'ingéniosité de ses dirigeants s'exerce et naît le bénéfice annexe, l'exploitation du sous-produit. Qui, il y a trente années, aurait supposé qu'avec une salle des coffres, une banque peut réduire et même compenser intégralement ses frais généraux ? Il faut que la poste, le télégraphe, le téléphone entrent dans ce champ d'ingéniosité. C'est bien leur tour !

Si un accès de bon sens fait décider par le Parlement que le service des P. T. T. sera remis à une compagnie privée ou à 3 compagnies privées, je demande qu'on fasse photographier sous tous ses aspects un des bureaux de poste actuels, car on ne reverra plus pareille horreur, et il est bon que les générations futures aient sous les yeux ce témoin du savoir-faire de l'État en matière de saleté. Cela les gardera, en cas de besoin, contre des velléités de retour à une aussi fâcheuse exploitation !

Je demande qu'on mette sous verre les invraisemblables porte-plumes qui se trouvent dans les bureaux de poste et qui ne se trouvent que là, avec leurs plumes rouillées et ébréchées, car quelque chose d'aussi sordide ne se représentera plus ! Mais la photographie est-elle suffisante ? Il faudra par l'aquarelle ou le pinceau d'un peintre très réaliste, conserver l'aspect repoussant des bureaux actuels, qu'une velléité de propreté essaya de rénover il y a quelques années, mais qui sont vite retombés dans leur aspect de corps de garde, de salle sombre, aux vitres obscurcies, de guichets veufs de peinture depuis des années, maculés partout, barrés d'un carton sur lequel, au mépris de toute vérité, on inscrit la mention *guichet fermé*; avec des affiches jaunies remontant à des temps préhistoriques et que personne ne lit. Il faudra conserver cela, car lorsqu'on sera sorti de l'exploitation de l'État, cela ne se retrouvera plus et il faut, pour l'édification des races futures, que les défenseurs du nouveau régime puissent renvoyer leurs adversaires à ces monuments d'incurie.

Je me garderai bien de formuler une proposition concrète sur les détails de laquelle on discuterait à perte de vue sans conclure. Tout est contenu dans les mots : la remise à l'initiative privée.

Qu'on procède par adjudication de tous les services ou de chacun des services séparés, sur la base du dernier déficit, les surenchères ayant pour effet de le combler; qu'on procède par concession, la chose importe peu, à la condition qu'il s'agisse d'une période d'exploitation suffisante pour s'orienter et n'allant pas jusqu'à la durée trop longue qui ferait refleurir l'incurie.

Dix années paraissent une durée suffisante pour se rendre compte. On pourrait établir des échelles décroissantes de tarifs ou croissantes de redevance à l'État, suivant les résultats de l'exploitation. Il faut que l'État, qui est incapable de gérer, contrôle, c'est son métier et, quand il ne fait que ça, il sait le faire. Donnons à l'initiative le bénéfice de son activité et à l'État tous les contrôles nécessaires, et avant la fin de la première période on serait revenu à la lettre à trois sous, à la carte postale à un sou d'affranchissement, aux bureaux propres et même confortables comme le sont tous les locaux où s'exerce une exploitation privée.

*
* *

Ce qu'on verrait aussi, ce seraient des employés touchant les soldes que le commerce donne à ses collaborateurs.

On feint de croire que le retour à l'industrie privée constituerait pour le personnel des administrations d'État une catastrophe, mais la poste ne peut vivre que par un travail triple de celui qu'elle fait, donc au point de vue numérique rien à craindre pour les employés et comme, en travaillant au triple avec des tarifs plus réduits, cette entreprise ne pourrait gagner de l'argent que moyennant beaucoup d'ingéniosité et de qualités rares, ses employés supérieurs toucheraient des salaires dont ils n'ont actuellement aucune idée.

L'État ne peut rien mettre en parallèle comme sollicitude de sa part vis-à-vis de ses collaborateurs avec ce que fait l'industrie privée. Dans le très court temps qui m'est imparti pour la publication de cet ouvrage, je n'ai la possibilité que de citer quelques combinaisons imaginées par les entreprises privées pour favoriser leurs collaborateurs.

J'avais conçu la pensée, il y a vingt années, lorsque j'étais président de la Société pour la Défense du commerce de Marseille, de faire connaître au public par un *Livre d'or du Commerce et de l'Industrie* les mesures permanentes d'aide aux employés et ouvriers prises par les patrons marseillais. La brièveté de mes fonctions ne m'a pas permis de mener ce projet à bien, mais j'avais été émerveillé du nombre et de la variété des combinaisons indiquées dans les premières réponses.

Je ne puis ici que citer rapidement ce que tout le monde connaît. Le testament de Mme Boucicaut est présent à tous les esprits.

La fondation Ernest Cognacq est le modèle du genre. Elle est tout entière étudiée dans les troisième et quatrième livraisons (1919) du *Bulletin de la participation au bénéfice* publié par la *Société pour l'étude pratique de la participation du personnel dans les bénéfices* que préside avec tant d'activité et de hauteur de vues M. Paul Delombre, ancien ministre du Commerce.

C'est en mai 1914, que M. et Mme Ernest Cognacq ont transformé leur entreprise, datant de 1870, en une Société instituant la participation du personnel aux bénéfices d'une telle façon que, de 1914 à 1920 inclus, les sommes distribuées aux actionnaires à titre de dividende s'élèvent à 10 080 715 francs, et celles distribuées au même titre au personnel à 32 762 310 francs ce qui d'ailleurs est conforme au vœu des fondateurs réservant sur les bénéfices 15 pour 100 à la gérance, 20 pour 100 au capital action à titre de dividende et 65 pour 100 pour le personnel participant.

Il serait intéressant d'étudier en détail les combinaisons supplémentaires de caisses de dépôts, de retraites, de maisons de retraites, d'indemnités de maladie, de pouponnats, d'habitations à bon marché dues à l'ingénieux souci de M. et Mme Ernest Cognacq pour les intérêts de leur personnel, mais il faut me limiter et en arriver à quelque chose de plus officiel.

Je lis dans le dernier bilan de la Banque de France, page 73, que notre grand établissement de crédit a versé en 1920 :

1° pour la caisse de retraite des employés. 22 000 000

2° pour la caisse de retraite des dames employées. 8 000 000

3° pour le fonds de prévoyance en faveur des auxiliaires des recettes. 2 500 000

pour allocations spéciales accordées au personnel, allocation d'usage pour fin d'année, allocation pour cherté de vie, allocation pour charges de famille, allocation aux œuvres mutuelles. . . . 51 425 000

Ensemble. . . . fr. 83 925 000

Cette somme a été prise sur des bénéfices donnant aux actionnaires de la Banque *19 100 708 fr. 22*. Le personnel touche en allocations, indépendamment des salaires, près de quatre fois et demi ce qui va au capital.

J'attends qu'on me dise ce que l'État fait sur ce terrain de générosité où les entreprises privées se retrouvent toutes si bien.

Quand on pense que l'État ne s'est pas encore avisé que l'année des salaires a 13 mois ? Le dernier des boutiquiers donne aujourd'hui le mois double à la fin de l'année. Il n'y a que l'État qui s'y refuse.

CHAPITRE XXIV

LA LOI DE HUIT HEURES

Voilà le plus grand obstacle à notre relèvement et la plus cruelle entorse donnée au droit naturel.

Je me suis élevé il y a deux ans contre cette loi, qui ne pouvait être plus inopportune. C'est au moment où il était nécessaire à chacun, dans la nation, de donner tout son effort, qu'on limitait la durée et par cela même l'intensité de cet effort.

Nous ne devions alors qu'environ deux cents milliards ; du moins c'était notre dette avouée et je disais que quarante millions de Français, en présence de deux cents milliards de dette, n'ont qu'à gagner chacun cinq mille francs supplémentaires pour que la dette soit éteinte.

Je ne méconnaissais pas que les enfants à la mamelle, la plupart des femmes et des vieillards ne gagneraient pas cinq mille francs de plus, mais qu'était-ce que cinq mille francs, à une époque où les salaires des manœuvres dépassaient ce chiffre, et surtout qu'était-ce si l'on considérait que cet effort pouvait se répartir sur dix ans, sur vingt ans !

Cette analyse du chiffre total à payer avait pour but de montrer qu'il n'était pas décourageant, si l'on mettait en face le travail de la nation et je persiste à croire que si la politique du courage, du travail, du travail à tout prix avait été inaugurée au lieu de la politique de la nonchalance, de l'incurie, de l'*Allemagne paiera* et des sacro-saintes huit heures, nous serions très avancés dans la voie du redressement, au lieu de constater que nous nous sommes plus endettés, en deux années de paix, que nous ne l'avions fait, en deux années moyennes de guerre.

Voilà la constatation accablante. Plus nous allons, plus nous nous endettons ; et non pas dans la proportion de la réparation des pays dévastés ! nous nous endettons sans mesure, comme des prodigues, vivant sur le capital.

Quand il y a deux ans, je demandais qu'on revînt sur la loi de huit heures et qu'on remît le travail en grand honneur, je fus aussi violemment pris à partie que possible. On me travestissait en ennemi du peuple fermant de propos délibérés les yeux à la lumière du progrès.

Comme je suis avant tout, en matière sociale et politique, un positiviste toujours prêt à soumettre à l'épreuve de l'expérience les idées que je défends, j'ai désarmé ou plutôt je n'ai rien dit de nouveau sur cette question pendant deux ans.

Aujourd'hui, il faut bien constater les résultats de l'expérience faite.

D'abord il crève les yeux que les promoteurs de la loi de huit heures, ceux qui, sans discussion, en ont fait un dogme à l'usage de la classe ouvrière, sont ceux-là mêmes qui préparaient, dès 1919, les secousses de 1920, les essais de grèves générales et de guerre civile de février et de mai 1920; et qui ensuite, se disputant pour la couronne, devaient se détruire eux-mêmes, en se divisant en majoritaires bien peu satisfaits de leur branlante majorité, et en minoritaires montant perpétuellement et violemment à l'assaut des postes tenus par les soi-disant majoritaires.

Le bon sens public a fait justice de toutes ces menées, dont le seul but était l'intérêt personnel des agitateurs; et il faudrait qu'il fasse aussi justice de leur grand cheval de bataille : la loi de huit heures.

Le petit État-Major de la C. G. T. n'a derrière lui que quelques bataillons seulement de l'immense armée du travail comprenant le jeune apprenti, comprenant le travailleur de la terre, comprenant la femme qui peine pour elle-même, pour son petit, pour sa mère ou pour son aïeule à sa charge. Et ce sont ceux-là qui, en France, auront toujours le dernier mot, parce que les violents passent et que ceux-là demeurent.

Bien peu de gens dans notre pays savent que, par application de la loi de huit heures, il est impossible à quelqu'un qui le veut et qui est d'accord avec son patron de travailler neuf heures, de travailler dix heures s'il en a envie ou besoin.

Des combinaisons de dérogations savamment diluées ont pour but de ne jamais atteindre une durée totale moyenne de neuf heures dans l'année.

Mais qui, en temps ordinaire, peut se contenter de travailler huit ou neuf heures par jour ? Personnellement, je n'ai jamais, jamais pu me réduire à ce chiffre, et si ceux qui me font l'honneur de me lire s'interrogent, ils verront qu'ils dépassent huit heures de travail ou que leur labeur est vain, qu'il est insuffisant pour aider au relèvement du pays.

Comment d'ailleurs peut-on travailler huit heures si personne ne travaille davantage. Il faut prendre sur les heures de travail pour se vêtir, se nourrir, se distraire. Les employés de bureau doivent être à leur bureau pour faire leurs huit heures — dont ne s'accommodent ni les arrivées de courrier, ni les départs de vapeurs, ni la correspondance télégraphique — et en même temps être chez leur chapelier, leur tailleur, leur coiffeur. Qu'ils suppriment le coiffeur, dira-t-on, en se rasant eux-mêmes ; c'est le dernier mot de cette loi, qui tend à la suppression de tout ce qu'on peut supprimer, et ce n'est pas avantageux pour le fournisseur.

On a persuadé aux ouvriers que la loi de huit heures, préparant celle de sept ou de six heures — et encore les ouvriers les mieux endoctrinés, raisonnant entre eux, se trouvent bien bons de ne pas aller tout de suite à cinq heures — réserverait du travail à chacun.

C'est bien peu connaître les lois du travail. Rien n'est générateur de chômage comme le travail insuffisant. Rien ne réserve du travail à tous comme la besogne acharnée et incessante. Rien ne réserve du travail, comme le bon marché des produits qui oblige à se rattraper sur la production en masse, tandis que toutes les fois qu'un fait permet de la cherté, cette cherté ne se réalise que par un arrêt de production, c'est-à-dire par du chômage qui souvent dépasse les limites que lui avaient assignées ceux qui l'avaient décidé dans un intérêt spécial.

Comme tout ce qui viole le droit naturel, la loi de huit heures ne se soutient que par une surveillance de tous les instants des champions de la fainéantise, par des dénonciations et par des interventions administratives et policières.

Que devient là-dedans le droit au travail !

C'est un droit sacré, c'est un droit inaliénable et que par conséquent la loi écrite n'a pu supprimer ; un droit imprescriptible, c'est-à-dire contre lequel le temps couru depuis la volonté d'abdication ne prévaut pas.

Waldeck-Rousseau a dit avec raison que si un seul ouvrier en France voulait travailler et qu'il en fût empêché, toutes les forces de l'Etat devraient être à sa disposition pour lui permettre d'accomplir un vœu aussi légitime.

Les travailleurs de tous ordres sont trop raisonnables pour ne pas admettre que Waldeck-Rousseau avait raison. On ne travaille pas pour son plaisir, on travaille par devoir ou par besoin.

Telle ouvrière a à sa charge sa mère, sa grand'mère, sa sœur, un enfant qu'elle a eu ou même que son bon cœur l'a amenée à adopter pendant la guerre. De quel droit lui dira-t-on : « tu dois ne gagner que ce qu'exige ta subsistance ; moi qui ai su me dégager de toute aide à mes ascendants, de toute union avec mes frères et sœurs, de toute responsabilité après les agréments de l'amour, je vis largement avec le produit de huit heures de travail : tu en feras autant et tu enverras promener si c'est nécessaire ta mère, ta sœur, ton enfant. »

Ce raisonnement ne prévaudra jamais dans la France du bon sens, du droit et de la pitié !

C'est à ces sentiments de bon sens, de droit et de pitié que nous devons d'être une île de paix laborieuse, dans un océan de nations toutes plus ou moins troublées et agitées. Il faut que ceux qui les professent sachent en assurer les bénéfices au pays, en ne se laissant pas imposer par quelques professionnels du désordre le maintien d'une loi désastreuse.

Un raisonnement qui touche moins et qui est

peut-être politiquement et socialement plus fondé que le premier, est celui-ci :

— Je me sens de l'intelligence et de la force, je pourrais employer cette intelligence et cette force à aller pérorer dans les réunions publiques, j'aime mieux l'utiliser à travailler davantage, de façon à devenir à très bref délai patron dans mon affaire ; de quel droit me murez-vous dans les huit heures de travail ?

Où voulez-vous que se recrutent les classes dirigeantes, sinon parmi les classes populaires ? Qui remplacera à la tête des industries, à la tête de la science et de l'art, les *flambeaux* brûlés par leur propre flamme, si l'ascension continue des prolétaires est rendue impossible ?

Il est curieux que ce soient des gens qui se parent bien injustement du titre de défenseurs du peuple, qui murent dans les substructions de l'édifice social ceux qui ont la volonté et les moyens de s'élever, et qui foisonnent dans les classes populaires.

Il est tout aussi curieux de voir les hommes qui ont la prétention de marcher en avant des autres, tourner le dos au mouvement actuel qui est, par la déconcentration, un mouvement d'émancipation et d'accès individuel à la fortune. Par la loi de huit heures, ils rejettent dans l'ergastule ceux qui peuvent et veulent en sortir.

Le tour qu'ils jouent à leurs clients par cette méconnaissance des faits est effroyable.

Dans notre monde du travail qui peu à peu se forme en petits groupes comprenant le père, la mère, des enfants, un collatéral, un ou deux apprentis, produisant à leur aise tant qu'ils veulent et peuvent, à la campagne, dans les villages, dans les petites villes, quel rôle réserve-t-on à l'ouvrier ancienne formule, à l'ouvrier de la loi de huit heures, à l'ouvrier volontairement maintenu à l'état de machine !

Je comprends que les théoriciens du travail tiennent à garder auprès d'eux les masses sur lesquelles ils règnent et qui les alimentent de leurs subsides, mais tout effort qui va contre le progrès est vain et ne sert qu'à montrer combien celui qui le fait est hors du mouvement. Malheureusement les soi-disant dirigeants des groupes ouvriers ne sont experts qu'en politicianisme et en roublardise.

Que voulez-vous qu'en définitive comprenne au travail quelqu'un qui n'a jamais payé une journée ?

***

Le grand cheval de bataille des cégétistes est de représenter aux ouvriers leurs patrons comme des ennemis, et la bêtise des patrons est de laisser accréditer cette contre-vérité.

Oh ! je ne veux pas nier qu'il n'y ait une opposition d'intérêts entre le patron et l'ouvrier sur le terrain du salaire, au moment où il se discute et pour l'accomplissement des obligations que chacun des deux a contractées vis-à-vis de l'autre. Il en est ainsi du vendeur et de l'acheteur, mais, comme pour le fournisseur et le client, une solidarité supérieure groupe les rouages du travail qu'on ne peut dissocier sans détruire le travail lui-même.

Il est cependant facile de développer les ferments de discorde et d'accentuer les malentendus.

Le patron qui s'est élevé, lentement, prudemment, a beaucoup de peine à se départir de vues étroites et à entrer sans répugnance dans la voie des hauts salaires.

Cependant les hauts salaires donnent un coup de fouet au commerce, car l'ouvrier dépense immédiatement la plus grande partie de ses gains et, en définitive, le salaire n'a pas, pour la majorité des objets, la forte incidence que l'on craint sur les prix de revient. C'est l'industriel qui paie les plus hauts salaires, qui tient la tête de son industrie. La durée de la journée, si elle n'intervient que pour le calcul du salaire, est indifférente comme le taux du salaire est à peu près indifférent.

De son côté l'ouvrier à qui on bourre le crâne a quelque peine à ne pas voir en son patron l'ennemi, mais tous deux ont un intérêt vital à se rapprocher et à travailler le plus possible. Rien n'est sain comme le travail, rien n'inspire plus d'idées saines.

L'ouvrier qui passera le temps voulu à l'usine, à l'écart des bourreurs de crâne, réfléchira vite et de lui-même se rendra compte que les quatre sous qu'il paie un numéro de l'*Humanité* font vivre ceux qui y écrivent, tandis que les vingt ou trente francs qu'il reçoit de son patron le font vivre lui-même, et qu'il y a tout de même une différence profonde pour lui entre les gens qu'il fait vivre et ceux qui le font vivre. Les premiers ne sont pas indépendants à son égard. Ils flattent l'ouvrier pour se faire écouter et vivre à ses dépens. Ils lui présentent les patrons comme des gens redoutables. Quelle erreur ! Les patrons sont atteints du mal commercial, du mal de l'émiettement à l'infini ; du mal d'accepter pour soi les pires ennuis, si l'on a l'espoir que le concurrent en ressentira aussi les désagréments, du mal de la nécessité du paiement des échéances, qui impose à certains moments aux patrons l'acceptation de toutes les exigences.

Dans les vues cinématographiques, dont les entrepreneurs ont bien tort de semer la discorde, de traduire sur l'écran des théories qui ne sont que des théories et de la littérature, on représente le patron en proie à tous les vices et l'ouvrier pourvu de toutes les qualités. Cette cratolatrie à l'égard de l'auditoire, à qui on sait qu'elle fait plaisir, est dans ses manifestations d'une bêtise à faire pleurer, mais la part de vérité qu'elle recèle, c'est-à-dire l'effet déprimant de la richesse sur le patron, quand il parvient à la fortune (ce qui est plus rare, dans la vie que sur l'écran), et quand il y parvient avant d'avoir été cuirassé par les difficultés contre les tentations de l'opulence, cet effet déprimant est la meilleure chance pour le collaborateur de prendre la place du patron.

La vérité serait de montrer le patron assailli par le fisc, par les règlements administratifs, par les concurrents, par les réclamations de ses prêteurs ou créanciers, par les revendications ouvrières, par les complications de la vie familiale et succombant, harassé par tout cela, dans la proportion de neuf sur dix. Sur les neuf défaillants, la proportion des fils de famille incapables de lutter parce que leur jeunesse a été trop gâtée est bien des deux tiers, c'est-à-dire de six. Ceux-là retournent au prolétariat et vont s'y retremper, eux ou leurs enfants. Les trois autres défaillants sont, comme les Curiaces, plus ou moins atteints par une blessure reçue en cours du combat. Si l'on grattait bien le dixième, le vainqueur de toutes les difficultés, on trouverait en lui un travailleur de la veille triomphant des difficultés parce qu'il a encore en lui toutes les énergies du peuple dont il sort, ou dans les rangs duquel une génération ou deux de ses ascendants se sont retrempés. La légende d'Antée est toujours vraie. Le prolétariat est la terre pour le lutteur commercial.

*

* *

Voyons donc les choses telles qu'elles sont et non telles que nous les présente la littérature ou l'écran cégétistes. Le travail est une nécessité, il ne peut être obtenu que par l'union étroite des employeurs et des employés ; le taux de rémunération importe peu, il est sans inconvénient que le prix de la journée soit basé sur huit heures de travail ; mais ce qui est essentiel pour le droit naturel et pour le relèvement du pays, c'est que chacun puisse sans opposition légale ni administrative travailler autant qu'il le veut et le peut.

Avec cela, notre pays sortira à son avantage de toutes les difficultés financières ; sans cela il est condamné à la ruine, et les classes qui souffrent le plus et le plus immédiatement de la ruine, ce sont les classes ouvrières que la crise trouve sans épargne suffisante pour parer aux mauvais jours.

Je confie ces réflexions aux ouvriers eux-mêmes qui, à l'abri des excitations, ont bien plus de bon sens que nous, je l'ai souvent constaté. Auront-ils le courage d'imposer ce qui découle de ces réflexions, c'est-à-dire le droit au travail ? je l'espère ; dans tous les cas il n'y a qu'eux qui ont encore assez d'énergie pour résoudre cette question vitale.

CHAPITRE XXV

ÉGALITÉ FISCALE

Il en est de l'égalité fiscale comme de la solidarité des rouages du travail, l'ouvrier le comprend et l'admet si on lui tient un langage sensé et dépourvu de fioritures, par exemple celui-ci :

« Mon bon ami, on a demandé en ton nom l'impôt sur le revenu, en croyant que seuls les riches paieraient.

« Des événements sont survenus qui t'ont fait dépasser d'emblée la limite au-dessus de laquelle on paie, d'autre part le système a été appliqué et a donné des résultats déplorables.

« La preuve est faite aujourd'hui que les bons riches seuls paient, que les mauvais échappent à cette sujétion et qu'ils y échapperont toujours, parce que l'appareil à mettre en mouvement pour les atteindre est trop difficile à mouvoir.

« Une autre preuve est faite, c'est que si tous les riches payaient, aussi bien les mauvais que les bons, la totalité de leurs revenus ne suffirait pas à équilibrer le budget.

« Si on leur prenait la totalité de leurs revenus, ils n'achèteraient plus rien, faute de moyens ; le chômage serait énorme et tu serais le premier atteint.

« D'ailleurs si quelqu'un a le droit de se plaindre de ce que certains ne paient pas, c'est moi qui ai ce droit et pas toi. C'est moi parce que je paie et pas toi, parce que tu ne paies pas.

« Tu te contentes d'aller porter ta feuille d'imposition à la bourse du travail de ton domicile ou à ton syndicat et après tu es libéré.

« Tu es trop intelligent et trop juste pour ne pas te rendre compte que ce geste ne te libère qu'à cause de la faiblesse de ceux qui, chargés de recouvrer l'impôt, s'abaissent devant ta puissance, et tu méprises justement ces faibles.

« Ce mépris ne pouvait pas s'arrêter au renvoi des feuilles d'imposition par l'entremise des bourses de travail et des syndicats ; aujourd'hui on fait publiquement des feux de joie avec ces rôles et on enjoint impérieusement aux pouvoirs publics de ne plus les envoyer.

« Ne te rends-tu pas compte que tu en es, au point de vue des charges publiques, au point où l'on avait tenté de te mener en février et en mai 1920, c'est-à-dire en révolte contre l'ordre de chose établi par tes votes mêmes, et contre lequel personne ne peut rien, pas plus toi que les autres.

« Exactement, comme on ne peut pas vivre sans travailler, on ne peut pas vivre sans payer ses dettes ; et tu as ta part de dettes, comme tous les citoyens français. Trouverais-tu intéressant qu'il soit entendu que tu as tous les droits en France et aucune charge? N'est-ce pas les charges et la responsabilité qui légitiment et anoblissent l'autorité?

« Te rends-tu compte que la loi qu'ont faite tes mandataires oblige les patrons à déclarer les salaires payés par eux au cours de l'année, ce qui est avilissant pour eux, et ce contre quoi de leur part la grève eût été sainte ; mais enfin ce qui leur a été enjoint par la loi et ce à quoi ils ont eu la faiblesse de déférer? Te rends-tu compte qu'en raison de cela, tous ceux qui ne gagnent pas plus que toi versent ce que tu ne verses pas et versent d'une année à l'autre d'autant plus que tu ne verses pas, car il faut compenser toute la part que tu ne prends pas des charges publiques.

« Te rends-tu compte que les ouvriers étrangers, travaillant en France, qui savent la façon dont tu t'y prends pour ne pas payer, font comme toi et qu'il se produit chez nous ce fait paradoxal que des étrangers, trouvant avantageux pour eux de séjourner en France et d'y gagner leur vie, échappent à toute charge dans ce pays vraiment par trop hospitalier.

« Te rends-tu compte que la récupération de ce que tu ne verses pas, ne pouvant pas être demandée aux imposés directs, arrivés au terme de leurs facultés de contribution met en jeu les contributions indirectes auxquelles tu ne peux pas échapper, de sorte que tu paies tout de même ce qui t'incombe de l'impôt sur le revenu et sans en avoir le mérite?

« Te rends-tu compte que toutes les charges qui t'incombent s'incorporent à ton salaire, te donnent le droit d'en exiger l'élévation et que dès lors il est indifférent pour toi de payer ou de ne pas payer, tandis qu'il n'est pas indifférent, au point de vue de la satisfaction de ta conscience, de prendre ou de ne pas prendre ta part des charges publiques? »

Ce raisonnement sera tronqué par la mauvaise foi des dirigeants ouvriers, mais tenu directement et individuellement à ceux à qui il s'adresse, qui sont pleins de cœur et d'esprit de justice, il les convaincrait.

CHAPITRE XXVI

INADMISSIBLE PRIVILÈGE

Les ouvriers reçoivent leurs feuilles de contributions, du moins sont-ils taxés. Les agriculteurs n'ont pas la peine de se mettre en révolte ouverte contre le fisc qui n'a pas même le courage de leur réclamer son dû.

J'ai dit, le 14 juin 1921, à la Chambre, en demandant que la taxe sur le chiffre d'affaires fût imposée à *toute personne* :

« La vérité, c'est ce que disait M. le ministre des Finances, à savoir que notre édifice fiscal est extrêmement lourd à porter. On a demandé au commerce de servir d'arc-boutant et de tout tenir ; mais le commerce sent craquer l'édifice et sent ses épaules faiblir. Dans ces conditions, il dit à ses concitoyens, qui risquent d'être écrasés avec lui sous l'édifice : « Venez m'aider, donnez-moi la main. »

M. Doumer, ministre des Finances, qui aurait dû tenir mon langage, n'a pas eu un mot pour le souligner et a dédaigneusement écarté la question. La voilà bien la cratolatrie radicale ! Il s'agissait d'être indépendant vis-à-vis de la majo rité, pas d'une majorité momentanée sur une question quelconque, mais de la majorité agricole constante et permanente, des arrêts de laquelle on ne peut en appeler qu'à elle-même. Cela suffi- sait, il n'y avait plus personne du côté minis- tériel.

Je ne me flattais pas du moindre espoir de succès, mais franchement les événements m'ont déçu d'une façon inattendue. Je comptais sur un *tolle* du côté agricole et sur un concours accen- tué du côté administratif et fiscal. C'est le con- traire qui s'est produit. Mes collègues agricul- teurs se sont rendu compte que je parlais par devoir et que je ne manquais pas de mérite en entreprenant, comme le Taciturne... sans espoir.

Par contre, l'administration a fait le plongeon et c'est tout.

Dans la presse, j'ai été quelque peu attaqué. Mon collègue, M. Trincart, a prétendu réfuter des indications que je n'avais pas données et son article a fait le tour des journaux agricoles, faute sans doute de meilleurs éléments de discussion.

Toute la presse indépendante a constaté à l'ap- parition du budget l'effroyable inégalité des charges commerciales et des charges terriennes, et le *Journal des Débats* a fait toute une enquête sur le rendement des impôts.

Son numéro du 10 septembre 1921 enregistre cette indication.

Rendement du vingtième des biens fonds en 1790 (monnaies ramenées à la valeur de 1921) : 300 millions.

Cédule des bénéfices agricoles en 1920 : 2 millions.

Je suppose que c'est 12 qu'avait cité le correspondant des *Débats* et que 2 est le résultat d'une faute d'impression. La comparaison n'est pas pour cela moins édifiante.

Un exemple concret suit qui permet de se rendre compte des raisons (que la raison ne connaît pas) pour lesquelles, un fermier gagnant 4 000 francs par an ne paie rien, en pleine campagne, où les dépenses de vie sont pour lui totalement insignifiantes.

Le *Petit Bleu*, dans son numéro du 28 août 1921, a signalé les recettes et les charges d'un domaine agricole de 20 hectares, en 1914 et en 1920.

En comparant les deux bilans, on obtient, en 1914, 4 895 francs de bénéfice ; en 1920, 26 435 francs.

Et cependant, l'exploitant du domaine a payé 30 francs en 1914 et 16 francs en 1920. Le petit domestique de cette exploitation s'est vu réclamer, en 1920, 20 francs d'impôt sur les salaires.

Le *Petit Bleu* dit en manière de conclusion : « Après cela il n'y a plus qu'à tirer l'échelle. »

ARTAUD.   16

Ce sera l'avis de tous les lecteurs.

Et cependant, avant de tirer l'échelle, il faut signaler un privilège inadmissible supplémentaire que la campagne tient des faits, mais qui se joint tout de même, au détriment du fisc, à ses autres immunités.

Si l'agriculture échappe dans une énorme proportion aux contributions directes, elle échappe intégralement aux contributions indirectes, si lourdes pour la nation et pour les classes laborieuses, qui pèsent sur les denrées qu'elle produit.

Le propriétaire viticulteur paie-t-il la taxe de consommation sur son vin, sur les dix litres d'alcool qu'il est autorisé à distiller ?

Tous les citadins qui ont un jardin, dans les limites de l'octroi de leurs villages, se voient réclamer des droits sur un arbre abattu par le vent, sur les fraises qu'ils cultivent en bordure de leurs plates-bandes, sur ce qu'ils consomment après l'avoir produit. Pour la campagne, rien de pareil ! Je ne fais aucune difficulté pour reconnaître qu'il est à peu près impossible de recenser les denrées produites par l'agriculture et consommées par l'agriculteur, mais il n'est pas moins vrai que cela constitue pour l'agriculture un grand avantage, avantage qui se traduit pour le fisc en énorme moins-value, puisque ces denrées sont ainsi consommées en franchise par le 55 pour 100 de la nation.

On avait prévu, pour 1921, un rendement de 30 millions, pour la cédule des bénéfices agricoles. Il a fallu déchanter et, pour 1922, le ministre inscrit au budget 15 millions.

Toutes ces constatations n'ont rien de fielleux comme on aime à les représenter.

La France est un pays agricole, le 52 ou le 55 pour 100 de sa population s'adonne au travail des champs. C'est un grand bonheur, car la terre est la sage conseillère par excellence. Les suggestions de saine poésie sont particulièrement opportunes au sortir d'une crise comme celle dont nous ressentons encore les contre-coups. Les rudes travaux qu'exige la terre pour prodiguer ses trésors constituent le meilleur exercice et maintiennent la race en force et en beauté. A la campagne, les besoins se réduisent à rien et l'épargne, cette vertu si française, s'exerce sans effort. Et aussi, à la campagne, le nombre des enfants est une bénédiction du ciel. La terre de France est notre meilleure usine, celle dont le coefficient de production par rapport aux frais d'exploitation est le plus élevé. Elle peut donner le double de ce qu'elle rend si le cultivateur met à profit les leçons de la chimie agricole et n'hésite pas à employer les fertilisants, s'il sélectionne ses semences et divise à l'infini les mottes soulevées par le soc. C'est surtout à la campagne que nous devons le coup de barre donné le 16 novembre 1919, qui nous a orientés vers les idées saines, le calme et la stabilité. Elle n'admet pas la journée de huit heures, ce coup de barre donné dans un sens opposé vers le nihilisme et le bolchevisme. Qui en France n'aime pas la terre! Qui ne pratique pas la culture dans un coin de sa province! Qui n'a pas l'ambition de finir ses jours, en jardinant, en cultivant?

Par conséquent, une sympathie générale, absolue est acquise, en France, à la terre, et l'agriculture aurait bien tort d'imputer à un esprit d'hostilité quelconque les demandes qui lui sont faites de prendre sa part du fardeau fiscal.

C'est son importance numérique et aussi économique qui exige qu'elle entre en ligne, à un moment où un devoir fiscal sans précédent est imposé au pays. Sans son concours, aucune mesure fiscale ne sera efficace.

Les raisons données par l'agriculture n'en sont pas. Elle a beaucoup payé autrefois, dit-elle ; mais nous ne sommes pas à autrefois ; on ne tient compte à personne, dans les nécessités actuelles de rentrées, de ce qu'il a fait autrefois.

Je devrais dire que l'agriculture a des raisons spéciales de payer. Il ne faut pas se dissimuler que le doublement du droit de douane sur les blés portant sur 85 millions de quintaux vient de la doter, au détriment de la consommation française, d'un bénéfice supplémentaire de 595 millions.

La réduction de 5 francs sur le droit de consommation des vins, réduction demandée pour obtenir l'élévation des cours des vins, représente 250 millions de francs.

Par l'élévation à 2,6 du coefficient du droit sur les vins, en portant à 31 fr. 20 par hectolitre l'ancien droit de douze francs sur les vins étrangers, le gouvernement a fait cadeau à la viticulture d'un gros milliard.

Aucun autre motif que l'avantage de l'agriculture ne dictait ces décisions. La consommation des vins n'avait pas fléchi ; les chiffres sont là pour l'attester. Il n'y avait donc aucune raison de réduire le droit de consommation sur les vins si ce n'est, en perdant une recette, de donner ouverture au doublement du droit sur les blés présenté comme une compensation du sacrifice fait sur les vins, doublement qui ne saurait rien rapporter au trésor puisqu'on se passera cette année de blés étrangers. Cette élévation de droits, qui ne se traduira par aucune recette pour le fisc, concède à l'agriculture, nous venons de le voir, la faculté de réclamer à la consommation du pain 595 millions de plus.

Quant au coefficient des droits de douane sur les vins étrangers, il suffit de constater que quelques importations se sont produites et se produisent encore pour démontrer qu'il a joué son plein rôle de facteur de hausse.

Voilà deux milliards de cadeaux supplémentaires faits à l'agriculture en un seul exercice.

Vraiment cela devrait avoir pour contre-partie l'égalité des charges fiscales avec ceux au détriment de qui sont donnés tous ces avantages.

*
* *

Ce serait de l'équité, mais ce serait aussi d'une bonne politique générale économique.

Toutes ces mesures exagérées de protection agricole poussent au malthusianisme. Si le paysan français a le malheur de produire l'an prochain 95 millions de quintaux de blé au lieu de 85, rien que par le jeu des droits de douane sa récolte diminuera en valeur absolue d'un demi-milliard. Le calcul est facile à faire :

85 millions de quintaux à 80 francs = 6 800 millions de francs.

95 millions de quintaux, au prix mondial, c'est-à-dire dans l'hypothèse d'un cours identique en France de 80 francs moins 14 francs (montant des droits) ou 66 francs le quintal = 6 270 millions.

Déjà, avant la guerre, une réduction volontaire se faisait sentir dans la production du blé. Nous allons entrer dans la même voie et c'est désastreux.

Il en est de même pour toutes nos productions protégées. Si elles dépassent les besoins de la consommation française, l'incidence du droit disparaît et c'est par milliards que se compte la différence.

Donc aucun intérêt pour l'agriculture à produire et même un précipice béant de perte à franchir d'un large saut pour que la production redevienne favorable au producteur ! Mais là encore, le précipice franchi, rien de séduisant. S'enrichir, pourquoi faire ? pour entasser des billets de banque, des bons de la Défense nationale, des titres de rente ? C'est bien peu alléchant. Tant qu'il s'est agi pour le paysan d'acquérir la terre sur laquelle il travaille, d'acheter du bétail, il a marché. S'il pouvait palper quelques écus il marcherait encore, mais du papier, quelle niaiserie !

Le commerçant travaille pour payer les impôts, pourquoi l'agriculture se déroberait-elle à ce tribut de travail et de peine ?

*
* *

Mais les impôts pourraient modifier heureusement les tendances malthusiennes ressortant de notre système douanier cratolatrique à courte vue. La production agricole, étant le pivot de la prospérité économique, on peut bien adapter les nécessités fiscales à ce qu'exige la prospérité de la Nation.

Le commerce payant treize milliards sur des affaires renouvelées, mais à des taux de bénéfices infimes, c'est dix milliards que doit payer l'agriculture sur une production annuelle que les évaluations les plus modérées portent au chiffre global de cinquante milliards.

« Vingt pour cent » va crier l'agriculture, mais à voulez-vous que nous les prenions ?

Où les prend le commerce, dans les poches du consommateur qui, en définitive, paie tous les impôts, mais qui ne se rend pas sans résistance, et vis-à-vis de qui chacun doit batailler, puisque l'assaut est nécessaire.

Je ne veux pas plus d'inquisition pour l'agriculture que je n'en veux pour le commerce, mais tout de même si n'importe quel détaillant français est astreint à tenir le petit cahier de deux sous à feuilles numérotées par lui-même, si cela est facile et possible pour le détaillant, je n'admettrai jamais et le bon sens n'admettra pas que cette obligation ne puisse être imposée à l'agriculteur.

L'agriculteur ne tient point de livres. Quelle erreur ! C'est le calme de la campagne, aux époques de repos de la terre, qui a fait naître les *livres de raison,* lesquels étaient au premier chef des lignes de compte.

C'est l'agriculture qui a demandé la déclaration de récolte et des surfaces ensemencées pour les vins. Elle ne s'y soumet que dans la proportion qui lui plaît, mais tout de même, elle s'y soumet dans cette proportion ; il n'y a donc rien d'impossible à la déclaration de ses récoltes par l'agriculteur.

Le paiement proportionné à la récolte existe déjà à la campagne en faveur de la Confédération générale des Vignerons. On tient des comptes à la Coopérative agricole, il faut bien produire des comptes aux caisses agricoles. Nulle part les chiffres ne jouent plus qu'à la campagne où, à défaut de déclaration des intéressés, intervient l'évaluation des professeurs d'agriculture ou de la régie. C'est ainsi que se font les statistiques?

Je ne veux pas d'inquisition, mais je veux que d'une façon ou d'une autre l'agriculture paie le 20 pour 100 de la valeur de ses récoltes, quitte à s'en faire rembourser par la consommation. Que le chiffre de la contribution soit fixé à forfait, qu'il le soit par une perception à tant pour 100 sur une valeur déclarée et contrôlée, la chose importe peu et le choix pourrait en être laissé à l'intéressé. Une seule chose importe ; la déclaration de la récolte affichée à la mairie de la commune et la transmission de ce renseignement à la préfecture du département.

On impose au détaillant l'affichage quotidien, sur chaque motte de beurre, sur chaque article, du prix de ce bloc de beurre ou de cet article qui s'écoulera dans la matinée, et on ne voudrait pas imposer à l'agriculture une déclaration *annuelle* ! Ce serait bien peu égalitaire.

Cette déclaration, base de toute l'imposition, est le seul point essentiel, le reste se régularisera avec le temps et un peu de ténacité, surtout avec l'aide de ceux qui, correctement imposés, n'admettront pas les fraudes de leurs voisins et les dénonceront.

La déclaration de récolte est essentielle, car elle permettrait d'appliquer aux impôts frappant l'agriculture une méthode radicalement différente de celle actuellement en honneur en rendant l'impôt dégressif si les quantités obtenues sont fortes, c'est-à-dire si une large production enrichit le pays.

Les abattements à la base sont de mise, et je ne m'y oppose pas dans l'application de cette taxe, mais je désire, dans l'intérêt du pays, et comme correctif de nos folles protections, un abattement sérieux *au sommet*.

Par exemple, pour le blé, ne peut-on arrêter la perception maximum de l'impôt aux quinze premiers hectolitres de l'hectare en rendant le reste indemne ou en le frappant au delà de quinze hectolitres jusqu'à vingt hectolitres de la moitié et au-dessus de vingt hectolitres du quart seulement de l'impôt.

Pour toutes les productions, cela peut se calculer. Il suffit que le principe soit établi dans la loi. La prime à la production, voilà ce qu'il faut pour notre pays de France qui peut donner le double de ce qu'il produit actuellement et qui a besoin de le donner. Si jamais le malthusianisme n'a pas été de saison, c'est maintenant, et une réduction d'impôt en cas de développement de production, profitable au pays, est tout à fait dans la logique de notre système.

Si notre sol rendait le double, les idées de notre agriculture changeraient. Au lieu de tenir, comme en ce moment, ses yeux révulsés, de ne voir qu'en deçà de la frontière l'agriculture étudierait ce qui se passe au delà. Elle deviendrait résolument exportatrice d'excédents qu'elle chercherait à rendre toujours plus importants, et le pays serait guéri de sa maladie de repliement et de réclusion.

* *

Je ne tiens pas spécialement à ce que l'impôt agricole soit exclusivement assis sur les récoltes. Nous sommes en matière vierge, l'agriculture ne paie pas et on peut essayer tout ce qui lui conviendrait.

Si l'agriculture veut, comme le faisait autrefois le clergé, voter son don gratuit, proposer elle-même sa combinaison d'impôts, tout entière basée sur les récoltes avec dégression en cas d'exploitation intensive, profitable au pays ; ou mi-cédulaire, mi-réelle, je n'y verrais aucun inconvénient pourvu que cet impôt donnât ce qu'il doit donner par rapport aux autres, c'est-à-dire dix milliards.

En pareil cas, on arrivera vite à des dégrèvements motivés par les excédents de rentrées, et chacun des surimposés actuels aura le droit de demander que l'allègement profite à ceux qui portent depuis le plus longtemps la charge fiscale et dont la part contributive est la plus élevée.

CHAPITRE XXVII

CONCLUSIONS

La crise financière indéniable peut du jour au lendemain devenir une crise de régime. Ce serait d'autant plus logique que c'est notre législation financière qui a le plus fortement subi l'influence de l'esprit cratolatrique auquel nous devons la plus dure oppression pour quelques-uns, les plus abusifs privilèges qui se soient jamais vus, pour d'autres.

Les opprimés ont le caractère paisible, heureusement pour les oppresseurs, mais le cheval de fiacre le plus résistant peut tout de même un jour succomber aux mauvais traitements et laisser les voyageurs en détresse. Le jour où le cheval de fiacre fiscal : le commerce, cessera de *payer*, parce qu'il sera mort ou sérieusement blessé, ceux qui *reçoivent* et cesseront de recevoir feront une révolution ; ce sera tant pis pour les derniers instants du cheval de fiacre, mais tant mieux pour l'équité. Le cocher passera ce jour-là un mauvais quart d'heure et il ne l'aura pas volé.

Mais au-dessus du cocher de fiacre, il y a le pays qui, lui, a droit au repos et à la prospérité.

Il faut travailler à les lui assurer, et la matière fiscale est une de celles qui ont le plus d'influence sur la vie collective.

Il faut y travailler tout de suite et pour cela considérer le budget de 1922, en ce moment à l'étude.

La Commission des finances de la Chambre s'en occupe et, tous les jours, rogne quelques centimes ; quitte à ajouter le lendemain ou le surlendemain, par des crédits additionnels, quelques francs.

Il faut considérer d'un peu plus haut ce compte de cuisinière qui ne sait pas tenir ses cahiers.

Le budget est, de l'aveu du ministre des Finances, en déficit de deux milliards et demi ; il l'est de cinq au minimum, si l'on tient compte de la précarité de certaines ressources et de l'optimisme qui a présidé aux évaluations ; il l'est de sept et demi si l'on veut que ce pays vive, qu'il s'outille, qu'il développe ses transports et qu'il amortisse tant soit peu sa dette.

Un budget de trente milliards, qui sera sous peu une réalité, est dès aujourd'hui une nécessité.

La France peut aussi bien payer trente milliards que vingt-deux ou vingt-cinq, puisqu'elle se les paie surtout à elle-même et qu'à la question la France peut-elle payer on peut opposer la question : la France peut-elle recevoir ?

Si quoi que ce soit des rentrées est employé à l'amortissement de notre dette extérieure, cela nous rentrera dans un très bref espace de temps, en capital, par l'amélioration du change.

La France peut payer trente milliards (et les recevoir) si le 70 pour 100 de ses enfants accepte de faire un effort fiscal égal comme rendement global à celui qu'effectue le commerce; mais autrement dilué car 70 personnes feront en pareil cas l'effort de 11, ce qui est la proportion numérique des commerçants, sur 100 Français.

Le commerce, pour demander cet effort aux autres professions avec autorité, ne réclame aucun dégrèvement; il supplie les pouvoirs pour toute faveur de ne rien ajouter à un fardeau déjà excessif, d'accepter ses suggestions pour l'accommodation de ce fardeau à ses épaules, de façon à lui permettre de le porter, et enfin de le laisser travailler à développer les affaires, dont l'activité seule permettra aux impôts, à tous les impôts, de rentrer.

Il faut simplifier l'assiette des impôts pour qu'ils rentrent vite et bien, et pour que cessent les criants abus de ceux qui n'ont qu'à ne pas déclarer pour ne pas payer. Rétribuons les fonctionnaires comme ils le méritent, ménageons leur temps par des simplifications dont la principale est l'acceptation par l'État, et pour cinq années de la moyenne des impôts cédulaires ressortant des déclarations des cinq années finissant le 31 décembre 1921, et obtenons du travail de nos fonctionnaires l'application à tous les Français des impôts actuellement en vigueur.

Le budget doit s'alléger des dépenses des postes, télégraphes et téléphones qui ne rendent plus de services, qui sont onéreux et qui, aux mains de l'exploitation privée, rapporteront, accompliront leur fonction et se contenteront de taxes et de taux d'affranchissements inférieurs aux taux actuels.

Le budget devrait comporter, aux recettes, au moins quatre fois ce qu'il retire actuellement du monopole des tabacs et des allumettes ; et rien n'est plus facile que de le lui assurer en mettant cette exploitation entre les mains de l'initiative privée.

La main-d'œuvre doit payer ses impôts directs comme toutes les autres classes de la Nation.

L'agriculture doit donner dix milliards, que ce soit d'une façon ou d'une autre.

Si tout cela se réalise, un budget de trente milliards est très facile à établir, sans aucun impôt nouveau autre que celui portant sur les denrées agricoles, et la question financière est résolue.

Si on ne prend pas ces mesures ou d'autres exigeant le même résultat, il n'y a plus qu'à accepter la ruine, le bouleversement, et en définitive l'acquittement des charges sous le fouet étranger, au lieu de l'effectuer dans la prospérité et l'abondance, par le facile doublement de la production actuelle.

* *

Enfin, pour conclure, sur ces conclusions, qu'on me passe un apologue final qui fera pendant à l'apologue initial.

Un beau brick, richement chargé, était aux Açores, en route pour Marseille. Après avoir allègrement navigué jusque-là, il s'alourdissait et sa ligne de flottaison baissait.

L'équipage vint trouver le capitaine et lui dit :

— Capitaine, nous coulons, le navire fait eau.

Le capitaine, un vieux loup de mer, qui en avait vu bien d'autres, répond :

— Mes enfants, il faut mettre les pompes en batterie et écouler l'eau de la cale.

Ainsi fut fait, le navire se releva et traversa le détroit de Gibraltar, mais bientôt la voie d'eau reprit et l'équipage revint demander au capitaine le remède à ce mal.

— Mes enfants il faut pomper, dit le capitaine.

— Mais, capitaine, l'effort déjà fait nous a harassés, nous n'avons plus de force.

— Eh bien, mes enfants, ne pompez plus; nous coulerons, ce n'est qu'un mauvais moment à passer.

— Mais capitaine, nous avons femme et enfants, nous tenons à arriver au port.

— Alors pompez !

L'équipage pompa tant qu'il put.

Quand il était à bout de forces il s'arrêtait et déclarait qu'il ne pouvait continuer, ce que le capitaine accueillait toujours avec le même sourire, déclarant qu'il était désolé, en ce qu'il le concernait, de contrister son équipage, et qu'il acceptait volontiers pour sa part un sinistre qui libérerait ses collaborateurs.

Cette conséquence finale de l'inaction ne plaisait pas à l'équipage qui se remettait à pomper.

— Ne pompez plus.

— Nous ne voulons pas couler.

— Alors pompez !

Ce dialogue amena le brick au port.

Je ne peux pas tenir un autre langage à mes indolents amis agricoles, ouvriers et sinécuristes.

Si vous ne voulez pas pomper, nous coulerons, si vous ne voulez pas couler, pompez ! pompons !!

31 octobre 1921.

ANNEXES

ANNEXE I

Au point où en est le franc il ne s'agit plus de *gold* ni de *silver point* mais de l'opinion qu'a l'étranger sur les facultés de rétablissement du franc, sur la durée et les vicissitudes de ce relèvement.

Les vicissitudes ayant pour conséquences des hausses ou des baisses à plus ou moins brève échéance et, par conséquent, permettant ou imposant des spéculations, passent au premier plan des préoccupations ; et vraiment la confiance est en ce moment le grand facteur du change.

Un aspect de la question du change, qui en a longtemps masqué la plus importante cause, est la différence des monnaies. Quelle place encombrante tient, dans les études sur le change, le *gold point*, actuellement tout à fait hors de question, car son maximum est représenté par les frais de transport des espèces d'un point à un autre ! Il s'agit bien du transport des espèces, quand il n'y a plus d'espèces ou quand elles restent verrouillées dans les caves de la Banque ! La véritable cause du change est l'impossibilité de payer comptant et le besoin, pour le débiteur, d'obtenir le renouvellement des crédits anciens et l'ouverture de nouveaux crédits. Voilà la vraie cause du change et aucune monnaie internationale n'empêchera le créancier de dire à quel prix il met sa confiance, heureux quand cette confiance existe, même à prix élevé.

Là encore la pratique éclaire la théorie.

Si le change n'existait qu'entre des pays à monnaies différentes, il ne se produirait pas entre la France et celles de ses colonies où le franc est l'unité de compte. C'est dans une de ces colonies et surtout dans une petite colonie, dans une colonie insulaire et à monoculture, qu'on prend le mieux sur le fait le change, ses causes et ses effets compensateurs.

Un cyclone, un incendie, une forte baisse en France compromettent du jour au lendemain les résultats de la récolte des sucres dans une colonie qui fait surtout du sucre et réduisent de 40 pour 100 le rendement espéré. Cette colonie, qui produit annuellement pour vingt millions de francs de sucre, consomme environ vingt millions de francs de marchandises diverses. Ces marchandises diverses, dès longtemps commandées, sont arrivées et il faut avec une production réduite de 40 pour 100, c'est-à-dire ne dépassant pas douze millions de francs, faire face à des paiements au dehors d'une importance globale de vingt millions.

Non seulement il faut payer parce qu'on doit; mais il faut payer pour que les fournisseurs extérieurs continuent à alimenter la colonie et, comme le seul moyen de paiement est le sucre, tous les importateurs de marchandises diverses, dans la colonie, demandent dans ce but, et simultanément, aux producteurs de sucre de leur réserver les traites qu'ils tireront sur la métropole, en contre-valeur de leurs expéditions.

Les producteurs de sucre, aux prises avec tant de demandes et d'ailleurs étrillés par l'événement qui a réduit la récolte, ne donnent leurs traites qu'au plus offrant et dernier enchérisseur. Ces traites font ainsi 20, 30, 40 pour 100 de prime, le cours des traites s'établit définitivement à 40 pour 100 de prime, si c'est le taux qui correspond à la situation.

Le résultat de ce fait, qui s'est produit Dieu sait combien de fois dans l'existence de nos colonies à sucre : la Réunion, la Martinique, la Guadeloupe, est d'équilibrer forcément la production avec la consommation. Il faut du temps, cela ne s'ajuste pas en une récolte et, pour la clarté du raisonnement, je néglige l'écart entre le change en dedans et le change en dehors, les calculs de prime et de perte dont les bases varient. Le résultat essentiel est celui-ci : La production déficitaire jouissant d'une prime, les douze millions de francs de traites disponibles sur la métropole se placent avec un bénéfice qui les fait payer aux détenteurs, par les importateurs de marchandises diverses à peu près vingt millions, mais ces importateurs, qui ont fait un effort colossal pour envoyer au dehors à peu près ce qu'ils devaient, sont hors d'état de renouveler ce sacrifice. Les producteurs de sucre ont bénéficié d'une prime qui les pousse à produire, les importateurs de marchandises diverses ont subi une surcharge qui restreint leurs opérations. Si aucune intervention extérieure ne s'exerce, ces deux forces, agissant en sens contraire, ramèneront fatalement au même niveau les deux plateaux de la balance, car la production se développant et l'importation se restreignant doivent s'équilibrer. Malheureusement cette abstention bienfaisante des pouvoirs est bien rare !

Entre le producteur gagnant beaucoup d'argent comme producteur et en reperdant un peu comme consommateur, et le consommateur perdant beaucoup d'argent par la cherté des choses et rattrapant une faible partie de sa perte par sa production individuelle, il est bien rare que les passions ne déterminent pas une intervention qui, en paralysant l'action automatique de nivellement, prolonge la crise.... Mais ceci est une autre question.

Ce qui s'est produit en France au cours des dernières années est tout à fait analogue aux événements courants de la vie de nos anciennes colonies. Notre pays, ayant à faire face à une agression sauvage et puissante, a dû à la fois cesser de produire et consommer au delà de toute mesure, car le coup de canon est une consommation. Un dénivellement formidable s'est établi entre ses disponibilités et ses besoins immédiats. La France ne peut satisfaire les seconds qu'avec des concours extérieurs de crédit. Les prêteurs, à qui on fait appel, apprécient diversement les chances du remboursement et le temps à attendre pour y arriver. De là le change !

Il ne sert de rien de s'insurger. Il est aussi légitime, pour l'étranger qui a besoin de rapides rentrées, de demander cher pour le renouvellement des crédits, qu'il est naturel pour la France, qui s'est battue pour la liberté du monde, de compter sur un terme, sur des délais qui lui permettront de résoudre en disponibilités ses immenses possibilités.

(Le change. *Exportateur Français*, n° du 12 mai 1921.)

ANNEXE II

Au risque d'abuser de votre attention, il faut que je vous montre qu'il n'y a pas qu'une loi économique fatale et qu'on peut en trouver d'autres que celle qui préside à la hausse ou à la baisse sous le nom de *la loi de l'offre et de la demande*.

Elles ne sont cependant pas nombreuses. Il en est de la doctrine économique comme du Décalogue; tout peut être réglé par quelques préceptes et c'est pour cela que la démonstration d'une autre loi, régissant des faits tout différents, peut être avantageuse.

Il s'agit des impôts. En cette matière, comme dans celles de la production et de la consommation, il y a des gens sensibles et puis des politiciens intéressés! De tout cela résulte la tendance à corriger par la fiscalité des iniquités sociales.

Ainsi posée, la question est vraiment très séduisante, mais tout d'abord existe-t-il des *iniquités* sociales? Sans doute, les uns sont pauvres et les autres sont riches, la pauvreté s'accompagne d'un contingent de souffrances et de malheur et le riche évite une partie de ces souffrances; mais est ce une iniquité ou un fait fatal indépendant de la justice?

Le fait pour une planche d'obliquer sur un point d'appui et d'avoir un de ses bouts en l'air et l'autre en bas est-il une iniquité ou la conséquence nécessaire d'une différence de poids entre les deux côtés, et si la planche, récemment équarrie, ayant encore un peu de sève, gagne à son contact avec la terre de pousser des racines et de fleurir, quel sera le bout le plus fâcheusement situé?

L'inégalité des positions sociales est la condition *sine qua non* de l'existence collective. Que serait une société où chacun pourrait se passer du concours de son voisin? Comment comprend-on l'association, si chacun n'apporte pas dans la mise en commun ce dont il dispose : l'un ses richesses, l'autre son ingéniosité, ses capacités; les autres enfin leur masse qui contrebalance les richesses et les capacités individuelles? Et sans association, la société peut-elle exister? Enfin où recrutera-t-on les capacités productrices de richesse, sinon parmi ceux qui auront reçu les rudes leçons du besoin? Si la pauvreté n'existait pas, comment se régénérerait le riche, épuisé par la jouissance de ses richesses?

Écartons donc ce mot d'iniquité et rendons au problème son véritable énoncé : « Corriger par la fiscalité les inégalités sociales ».

Mais nous avons vu que les inégalités sociales sont providentielles, au sens profane du mot autant qu'au sens religieux, et qu'il faudrait les inventer si elles n'existaient pas !

Nos réformateurs veulent rebâtir l'édifice social, mais s'ils le regardaient d'assez loin dans le temps et dans l'espace, ils se rendraient compte qu'il est rudement bien construit, qu'on ne trouvera pas mieux, et qu'en outre il est d'une solidité désespérante pour les réformateurs qui, depuis la création du monde, travaillent à le modifier et qui ne sont pas plus avancés qu'au début.

C'est que la structure du monde moral est intangible : le bon Dieu nous laisse bien couper les isthmes et combler les lacs, mais il ne nous permet pas plus de toucher aux bases de la société que d'intervenir dans le mouvement planétaire. On dirait d'un cadran dont nous pouvons bien avancer ou retarder les aiguilles, mais dont le mouvement interne est inaccessible et infaillible.

Ce propriétaire, ce capitaliste que nous voulons réduire à l'égalité par une petite combinaison à la Procuste, il a sa fonction sociale, et sa fonction consiste justement à accroître, à améliorer ses propriétés, à faire fructifier ses capitaux, ce qu'il ne peut pas faire sans le concours de ses semblables et sans rémunérer ce concours d'autant plus largement qu'il y aura plus de propriétaires demandant des concours pour l'exploitation de leurs propriétés, et à mesure que les capitaux fructifient, leur simple location devient moins avantageuse pour les capitalistes. Il n'y a pas besoin de remonter bien loin pour le prouver : il y a quelque trente ans, notre pays était au sommet de sa situation capitaliste. A ce moment, le taux de la Banque de France s'acheminait vers 2 pour 100, personne ne pouvait vivre de ses rentes et le travail touchait la grosse part dans l'association du capital et du travail.

Par contre, si par une charge supplémentaire destinée à remédier aux inégalités sociales vous mettez un propriétaire hors d'état de construire, ne croyez-vous pas que les loyers hausseront fatalement ? et s'ils haussent dans la proportion des charges dont les immeubles sont grevés, qui paiera l'impôt chargé de remédier aux inégalités sociales, sinon le locataire ?

Si les capitaux diminuent, leur taux de rémunération — en d'autres termes l'intérêt de l'argent — ne haussera-t-il pas et la part du travail dans l'association ne baissera-t-elle pas dans la proportion de la hausse du taux de l'escompte ?

Il s'ensuit que la seule notion vraie de l'impôt est la nécessité de parer aux dépenses publiques et l'obligation de le répartir sur tous les contribuables dans la proportion de leurs facultés.

Le riche ne peut pas faire autrement que de payer dans la proportion de ce qu'il possède. Aucun système fiscal ne laisse indemnes les manifestations de la prospérité et du luxe et, par contre, si au rebours des tendances actuelles, on réclamait au peuple la totalité des impôts, il aurait à en répéter le montant des riches, pour les services qu'il leur rendrait, et ceux-ci, par les salaires, rembourseraient ce dont le pauvre leur aurait fait l'avance. Dans aucun cas, les riches ne peuvent jouir de leur fortune sans payer des impôts proportionnées à leur opulence.

Rien ne peut donc modifier la formule des droits de l'homme, l'impôt doit être consenti par tous et payé par chacun, suivant ses facultés.

Si tout le monde était bien convaincu qu'il en est ainsi, le public imposerait au législateur de renoncer aux vaines discriminations qui lui font perdre son temps et renoncerait aux présents d'Artaxerxès que le législateur veut lui faire avec l'argent des autres. Le jour où l'électeur sera convaincu que ce qu'on lui donne, en le retirant aux autres, lui coûte plus cher, par la perturbation sociale, que l'acquisition de ce même avantage à la sueur de son front, c'en sera fait de la soi-disant justice fiscale !

Et ici, je ne voudrais pas vous laisser l'impression d'une loi d'airain, d'un « ananké » écrasant.

La sympathie qui fait souffrir tout le corps social de ce qui atteint la tête : la morale de la fable de Menenius Agrippa qui est toujours vraie, et qui montre l'influence sur les membres de ce qui est dirigé contre l'estomac, est non seulement fatale, mais encore elle est souverainement juste.

On pourrait dire que les obligations sociales naturelles sont proportionnelles à l'étendue du polygone de base des facultés de chacun ; le riche a un polygone de base égal à tout ce qu'il possède, le pauvre a un polygone de base égal à celui dont ses semelles forment sur le sol les deux côtés et rien ne peut le dispenser de payer dans cette proportion, parce qu'il a dans cette proportion un intérêt vital au maintien de l'édifice social.

Le riche est-il intéressé autrement que par la solidarité qui l'unit au pauvre à l'existence des hôpitaux, des écoles gratuites, de même au bon fonctionnement de la voirie et de la police? Au temps où la police et la voirie étaient rudimentaires, le riche y remédiait par les chaises à porteur et l'entretien de « bravis » à son service ; le pavé raboteux et les attaques à main armée étaient le lot populaire.

Il en est de nos jours comme autrefois. C'est le pauvre qui a le plus d'intérêt à ce que le respect des conventions et de la propriété protège du pillage, en temps de disette, les grains dans les magasins publics, lui qui est obligé de compter par sous pour l'aliment le plus essentiel de sa substance, tandis que le riche, si ces provisions sont gaspillées, en sera quitte pour payer son pain cinq francs le kilogramme, ce qui n'ajoutera pas 1 pour 100 au volume de ses dépenses.

(Extrait du Discours de réception de l'auteur à l'Académie de Marseille, 9 février 1919.)

TABLE DES MATIÈRES

ANNEXES

Chartres. — Imprimerie Durand, rue Fulbert.